アマゾンと物流大戦争

角井亮一 Kakui Ryoichi

NHK出版新書
495

アマゾンと物流大戦争　目次

序章　アマゾンが変える世界

——経済の地殻変動が始まった

アマゾンと無縁ではいられない

アマゾンが世界のルールを変えつつある。そう言ったとしても、もはや誰も驚かないでしょう。いつの間にか、しかし着実に、アマゾンは単なるネット通販企業から、巨大なグローバル企業へと変貌を遂げました。

近年になり、徐々にその実態が明らかになりつつあります。米国のベテラン記者ブラッド・ストーンが長期にわたり、アマゾン創業者ジェフ・ベゾスやその関係者に丹念に取材をして書かれた『ジェフ・ベゾス 果てなき野望――アマゾンを創った無敵の奇才経営者』（井口耕二訳、日経BP社、2014年）はベールに包まれたアマゾンを知るための一書として、米国のみならず日本でも話題を呼びました。経済週刊誌では、まるごと1冊アマゾンが特集されるなど、個別の側面ごとではありますが、そのビジネスの仕組みが徐々に知られるようになってきました。

しかし、多くのビジネスパーソンは、アマゾンは自社のビジネスとは無関係であると思っているか、アマゾンの何が自社にとって影響があるのかをいまだ知り得ていないのではないでしょうか。「アマゾンはネット通販企業だ」という人もいれば、「テクノロジーを駆使するインフラ企業だろう」という人もいます。その秘密主義ゆえ「恐ろしいネット企業だ」などと、ぼんやりとした輪郭で捉えられていることが多いように思えます。

本書を執筆した最大の目的は、多くのビジネスパーソンにとって関係のない存在だと看過されてしまいがちなアマゾンが、実は強力な磁力を持ってあらゆるビジネスを変え、また誰にとっても無視できない存在になりつつあることを明らかにすることです。特に日本では、アマゾンが変える世界と無縁ではいられません。

なぜアマゾンの急成長に危機感を覚えるのか。その理由は、彼らの本質が「ロジスティクス・カンパニー」であるからです。ジェフ・ベゾスが公言する通り、ロジスティクスこそが彼らの最大の強みなのです。

なぜアマゾンを脅威に感じてしまうのか？

「ロジスティクス（logistics）」とは何でしょうか。語源は軍事装備の調達や補給、人員や物資の輸送など軍事業務における後方支援活動を意味する「兵站《へいたん》」にあります。ビジネスの世界では、企業の物流合理化手段を意味します。例えば、需要を予測して物の流れや在庫を管理し、円滑かつ低コストに輸送するなど、物流における最適化を図ることを指します。

ロジスティクスをたった1つのプラットフォーム（基盤）に握られる恐怖を訴えたところで、多くの人にとってピンと来ないものでしょう。私はいわゆる物流コンサルタントであり、ロジスティクスの専門家です。日本ナンバーワンの通販物流代行会社を経営しています。プロフィールにある通り、物流に関する書籍もたくさん執筆してきました。専門家であるがゆえに、アマゾンが変えつつある世界がいかに戻ろうとしても戻れないものであるのかが、よくわかります。

これから、本書を通じて語っていくことになりますが、なぜアマゾンのロジスティクスが多くのビジネスにとって見過ごせないものになり得るのか、先に結論を言いましょう。

第一に、ロジスティクスは非常に参入障壁が高いものだからです。洗練されたロジスティクスは、一朝一夕に築き上げられるものではありません。ゆえに、一度強固なロジスティクス網を張り巡らされてしまったら、外から見て真似ることもできず、それに太刀打ちできるロジスティクスを作るのには相当な時間がかかることになります。

たとえるならば、スマートフォンにおけるハードウェアと「ＯＳ（Operating System：オペレーティング・システム）」の関係のようなものです。

スマートフォンは、「ｉＯＳ」というＯＳを搭載したアイフォーンの米国アップルだけでなく、日本、台湾、中国など世界各国のメーカーが生産しています。しかし、グーグルのスマートフォン向けＯＳ「アンドロイド（Android）」がなければ、洗練されたアイフォーンの操作性とまともに勝負できるメーカーはなかったのではないでしょうか。勝負できているのは、アンドロイドがオープン戦略をとっており、各スマートフォンメーカーが自由にアンドロイドを使ってスマートフォンを作れたことが大きな要因です。

物流はソフトウェア・インフラ構築・人

ところが、物流の世界ではそう簡単にはいきません。最新鋭の設備を入れた物流センターを建てたからといって、すぐに機能させることはできません。洗練されたＯＳのないスマートフォンのようなものです。あまり知られていないことですが、インターネット登場以降の物流センターでは、いかに優れたオペレーションがあるかはもちろん、それを管理して運用するための洗練されたソフトウェアを持っているかどうかが、今まで以上に重要になりました。

例えば、アマゾンで本とペットボトルの飲料と陶器のお皿を買ったとしましょう。それらの品物をどのように倉庫からピッキング（取り出すこと）して、どのサイズのダンボール箱に、壊れないようにどのように詰めればいいのでしょうか。サイズや重さ、材質の違う、それぞれの品物を効率よく手早く梱包するノウハウは、ネット通販が登場する以前にはほとんどありませんでした。アマゾンは二〇年もの長い年月をかけて、それらの1つひとつに洗練された技術を積み上げています。顧客が何を注文したかによって、どのサイズの箱を使えばいいのか、そのアルゴリズムをソフトウェアとして持っているのです。

過去に、物流センターの建設に多額の投資をしたものの運用コストがかさみ、ノウハウが積み上がるまでに資金がもたず、計画が頓挫《とんざ》したという例は多々あります。ロジスティクスは短期でコピーできるものではありません。なぜなら、そもそも扱う商材自体が何十万、何百万と存在し、その1つひとつが大きさも異なれば、材質も違うものだからです。陶器のような割れ物もあれば、食品のように賞味期限があるものもあります。さらに物流センターに集まる商品は、常に入れ替わります。まるでコンピュータにおけるソフトウェアのように、日々バージョンアップされ続けなければならないものなのです。

また、物流ネットワーク網は一夜にして作られるものではありません。アマゾンは2012年までに約1・4兆円を物流の整備に投資していますが、長期的に構想された物流ネットワークを作る作業は毎年、毎月と積み上げることが必要です。まさにインフラ構築といっていいでしょう。

そして、物流センターを運用するのは結局のところ人間です。現在、商品をピッキングし、丁寧に梱包し、出荷する作業を担っているのは、一部は機械化されている部分もありますが、やはり人です。作業を覚えるには、当たり前のことですが時間がかかるものです。その上、人は常に入れ替わりますので、日々の作業がより効率化するように地道な改善を重ね、さらにそのノウハウを引き継いでいく必要があります。私が経営する会社では、年3000件もの改善提案が出てきます。だからこそ、競争の優位を維持し、高めることができるのです。物流センターの運用は簡単にはコピーすることはできません。

低価格がもたらす良循環

なぜアマゾンのロジスティクスが脅威なのか。第二の理由は、ロジスティクスがそもそも合理化、低コスト化の手段であるがゆえに、それがアマゾンにとっての磨き上げ続けられる武器になっているからです。

後述するため詳細は省きますが、アマゾンはあらゆる手段を用いて物流を効率化し、それを低コストでの運用につなげています。

図1をご覧ください。売上高は驚異的な右肩上がりで順調に伸びていることがわかります。一方で、利益はどうでしょうか。明らかに低水準で抑えられていることがわかるでしょう。なぜなら、アマゾンはそのすべての利益を新たな物流センターの建設などへの投資に回し、顧客にとって利便性の高い配送サービスを実現し、また商品の価格を下げることを通じて顧客に還元しているからです。

実店舗に比べて価格を比較することが容易なネット通販において、他サイトよりも価格が安いことは客を呼ぶための大きな武器となります。ロジスティクスでまず利便性と低コスト化を実現し、価格を下げれば下げるほど来客数は増え、それに応じて売上高が膨ら

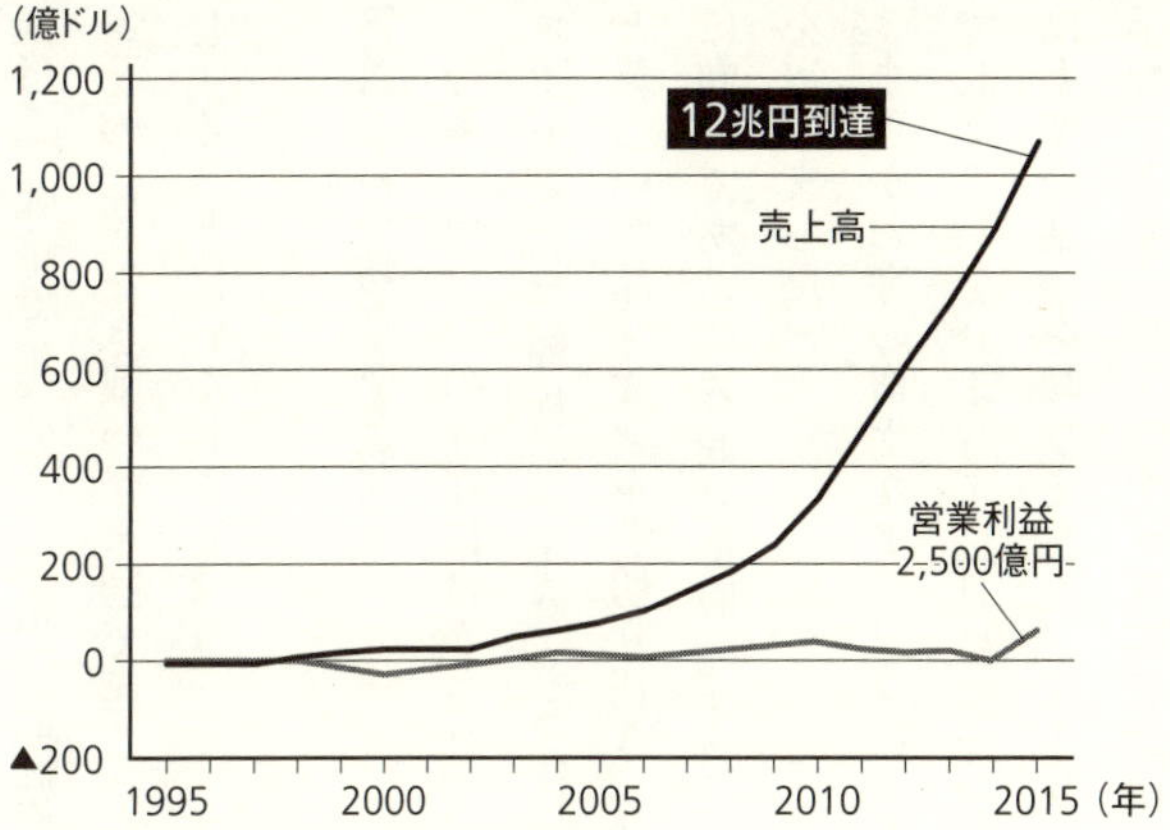

図1　アマゾンの売上高に占める利益

み、さらに物流センターの稼働率が上がることで効率が上がります。これがいかに良循環であるか、それを結果で示しているのが先の売上高グラフということになるでしょう。

インターネットの登場以前に、この「ロジスティクス→低コスト化→低価格化」の良循環を築き、世界一の小売企業へと駆け上ったのが、現在も世界最大のスーパーマーケットチェーンである米国ウォルマートです。私は米国のビジネススクールで「MBA（Master of Business Administration：経営学修士）」を取得しましたが、ビジネススクールで一度は学ぶだろうケース・スタディが、ウォルマートの「EDLP（Everyday Low Price：毎日が低価格）」戦略です。今、元祖「低価格」ともいえるウォルマートと、ネットの新星アマゾンとの仁義なき戦いが米国で起こりつつあります。これについては、第二章で詳しくお話しすることにいたしましょう。

アマゾンがお坊さんを売る？

今やアマゾンの存在に脅かされているのは書店、出版社だけではありません。世界一のネット書店を標榜《ひょうぼう》して1995年にスタートしたアマゾンは、2000年代に入り次々と新しい商品ジャンルを切り拓き、メーカーと消費者とをインターネットでつなぎ、世界に向けてあらゆる商品を販売する「エブリシング・ストア（everything store）」へと成長を遂げました。

まさかお寺の僧侶がアマゾンに脅かされることになるだろうとは、誰も想像しなかったでしょう。2015年12月にアマゾン・ジャパンが販売を始めたサービス「お坊さん便」は大変な話題を呼びました（サービスの提供は株式会社みんれび）。これは法事法要に僧侶を手配するサービスです。基本料金は3万5000円（2016年8月現在）で、自宅や墓へなど移動をする場合は4万5000円、それぞれ2万円を上乗せすると戒名《かいみょう》もつけてもらえるというものです。「追加料金は不要」「お車代・お膳料・心づけなども不要」の明朗会計を謳《うた》い文句としています。

すぐに反対の声があがりました。全日本仏教会は「宗教行為をサービスとして商品にしている」「お布施を定額表示することに反対」とコメントし、アマゾンを批判しました。日本国内メディアだけではなく、AP通信など海外メディアからも配信されるなど、一時注目を浴びました。

しかし、ユーザーの声は違いました。ぜひ一度「お坊さん便」でキーワード検索し、アマゾンの販売ページを見てください。感想が寄せられるカスタマーレビュー欄は「価格が透明でよい」「今の時代に必要なサービスだ」など、明らかに賛成の声が多数を占めています。アマゾン支持の表明が多いのです。結果、いつの間にか既成事実化して「お坊さん便」の販売は定着し、現在も続いています。

何でも扱うエブリシング・ストアへ

実は、この「お坊さん便」の一件を見るだけでも、アマゾンの戦略がいかに強力であるかが見て取れます。

アマゾンは徹底して「顧客中心主義」を貫き通すため、商品を供給する側ではなく買う側を優先してきました。彼らは真正面から声をあげるわけではありませんが、顧客のために透明性の高い価格で、しかも従来よりも低価格でサービスを提供するのが顧客のためだ、というスタンスを絶対に崩すことはないのです。

こうした「顧客中心主義」はアマゾンの利用者としては歓迎すべきことでしょう。さまざまな商品を安く買うことができ、確実に、速く手元に届きます。顧客を相手にする小売・流通業にとって、他店より安いことほど、消費者を喜ばせるものはありません。

一方で、日本でビジネスに携わるすべての人にとって、アマゾンは気になる存在であり脅威に思えるでしょう。

アマゾンは新車・中古車といった自動車まで売り始めています。冗談ではなく、本気です。まさか何十万円、何百万円という価格帯である自動車本体をネット通販で買う人が出てくるとは、みなさんは想像もしていなかったのではないでしょうか。

２０１６年7月に行われたアマゾンのセールでは、日産自動車の「ＧＴ－Ｒ」２０１７年モデルが限定1台（車両本体価格：税込１１７０万５０４０円）で売られましたが、無事に買い手がついて「在庫切れ」となったことが話題となりました。１０００万円を越える商品をネット通販で買う時代が今訪れているのです。

本書にとって大事なポイントなので、アマゾンが脅威だと感じてしまう第二の理由をもう一度述べましょう。アマゾンは高度なロジスティクスを用いて低コスト化を実現し、その利益のほとんどを自社の物流ネットワークを築くための投資に回し、また顧客の代弁者としてさらなる低価格での商品提供のための原資として使います。それによって来客数が増え、売上高が増えれば増えるほど物流は効率化し、低コスト化していく。アマゾンはさらに低価格で商品の提供を始め、扱う商品の種類を増やし、また来客数が増え……。その繰り返しこそが、彼らにとっての良循環であり、最大の武器です。この良循環がアマゾンの売上高を飛躍的に伸ばし、扱われる商品が次々と増えることこそが、隣接する業界でビジネスを行うすべての企業にとって脅威なのです。

「アマゾン一強」時代は来るのか？

結果はどうなるでしょうか。米国ウォルマートの例を出すまでもなく、小売・流通業にとって販売力はすなわち価格支配力です。すべてはメーカーに価格を下げさせる圧力となり、アマゾンへ商品を供給するために働くすべての企業を苦しめることになるでしょう。

今のところは商品のすべてがネット通販だけで売れるわけではなく、リアルな店舗でも売れているのでいいでしょう。アマゾンは販路の1つであり、売上アップに大きな貢献をしてくれているので「ウィンウィン（Win-Win：双方がうまくいっている）」の関係が保たれています。

しかし、その関係はいつまで続くのでしょうか。実は、日本の物販系分野におけるEC（Electronic Commerce：電子商取引）化率は他国に比べて非常に低く、2015年度で4・75％（平成27年度「我が国経済社会の情報化・サービス化に係る基盤整備」経済産業省より）しかありません。先行している英国の12・4％、米国の7・0％（アメリカ合衆国国勢調査局調べ）と比べて、かなり低い水準です。言い換えれば、今後、日本のECが持つ伸びしろはとても大きいのです。

世界を見渡しても、ネット通販におけるロジスティクス分野で、アマゾンの右に出るものはなく、アマゾンの「一強《いっきょう》」と呼んでもよいような存在感があります。先のスマートフォンに置き換えれば、アップルのアイフォーンしか存在しない市場のようなものです。

例えば現在、スマートフォンのアプリ市場においてアップルの取り分は30%という料率が維持されています。これはグーグルの取り分と同じであり、両社が競争関係にあるために料率が均衡しているとも言えるでしょう。しかし、グーグルというライバルがいなければどうなるでしょうか。アップルの独占的支配となり、アップルの取り分が40%、50%と上がっても、アプリを提供する企業はほとんど文句が言えないでしょう。アマゾン一強のロジスティクスは、アンドロイドというライバルのいないアイフォーンのようなものです。

いち早く大きな影響を受けているのが米国の書店であり、出版社です。アマゾンの原点は世界最大のネット書店を目指したところにあり、本の販売からスタートしておりますので、どの業界よりも先に出版業界が大きく揺れ動きました。有名なものを挙げれば、2011年に経営破綻した書店チェーンで全米2位のボーダーズ・グループです。書店チェーンで全米最大を誇るバーンズ&ノーブルも業績悪化に苦しんでいます。日本においても、アマゾンがロジスティクスの巨人になると、やがて商品を提供する各社との均衡が保てなくなる日が来るやもしれません。

利益度外視の先進性

２０１３年に発表されたドローン（小型無人機）による商品配送の実験は、世間を驚かせました。まだ登場したばかりのテクノロジーであるドローンを商品配送に利用することなど、当時は誰も想像していなかったのです。

「プライム・エア（Prime Air）」と名づけられたアマゾンのドローン配送計画は、現在も着実に実用化が進められており、２０１６年には、日本でもドローン配送により注文後30分以内に配送するサービスが計画されていることが判明しました。彼らは２・２キログラム未満の荷物を、16キロメートル以上の距離に届けることができるとしています。

では、なぜドローン配送なのでしょうか。日本に限らず、世界中どこの国にも郵便があり、宅配業者がいるはずです。わざわざ未熟なドローンという新しいテクノロジーに、早

写真1　アマゾンのドローン配送「プライム・エア」

くから注力する必要はなく、機が熟してから利用すればいいはずです。なぜ、アマゾンは執拗《しつよう》にテクノロジーにこだわるのでしょうか。

２０１５年11月に発表された、注文から最短1時間で商品を届ける「プライム・ナウ（Prime Now）」にも、日本の多くのビジネスパーソンは度肝を抜かれました。品揃えは卵や牛乳、ヨーグルトといった生鮮食品を含む2万点弱で、スマートフォンで専用アプリをダウンロードすれば、すぐに利用することができます。東京8区を配送の範囲とする世田谷物流センター（尾山台）を皮切りに、大阪府大阪市淀川区、神奈川県横浜市神奈川区に、「プライム・ナウ」サービス専用の小型物流センターを設置しました。

驚きの最短1時間配送ですが、日本にはモデルとなるサービスもあり、顧客にとっても便利なサービスですから、アマゾンならばやるだろうと物流の専門化としてもこの構想を予測していました。しかし、短時間配送を実現するためだけにアマゾンは新たに物流センターを設置する必要がありますし、1軒ずつ配送するコストも割高ですから、トータルのコストは相当な額に上るでしょう。

もしプライム・ナウの利用者が少なければ、物流センターの稼働率は低くなります。空室が多いホテルは稼働率が上がらないため、固定費がかかり負債となります。それと同じように、物流センターもまた固定費として経営に重くのしかかってきます。プライム・ナウの利用者数が増えなければ、もちろん赤字になるでしょう。なぜアマゾンは物流センターを新たに作り大きなリスクをとってまで、短時間配送を目指すのでしょうか。

先進のテクノロジーを駆使し、また採算がとれないサービスを始めるアマゾンに対し、多くのビジネスパーソンが一抹《いちまつ》の不安を覚えているのではないでしょうか。

湧き上がるアマゾンへの懸念

繰り返しになりますが、ロジスティクスはデジタルデータのように一瞬でコピーできるものではありません。さらにいえば、物流はすなわちネットワークです。ひとたび張り巡らされてしまえば、その網の目は競合企業にとって非常に高い参入障壁として立ちはだかることになるでしょう。

昔から「物流は経済を支える大動脈」といわれてきましたが、物が運ばれる基盤となるネットワークが、アマゾンというグローバル巨大企業によってみなさんが知らないうちに、着々と築き上げられているのです。アマゾンが近い将来にもたらすのは、まさに経済の地殻変動です。米国ではすでに大きく動き始めていますが、日本も例外ではありません。多くの人に知れ渡ってから対策を練るのではあまりにも遅すぎます。だからこそ、この本を手にとっていただいた方には、きちんとした知識を持っていただきたいのです。

本当にアマゾンと無縁でいられるでしょうか。アマゾンが考えるエブリシング・ストアというのはお題目ではありません。小売・流通だけではなく、物流、さらには宅配までを視野に入れ、形あるもの、顧客へ物として届ける必要のあるもののすべてを、取り扱おうと、アマゾンは虎視眈々《こしたんたん》と機会をうかがっています。

注文してからわずか1時間で配達するアマゾンのサービス「プライム・ナウ」について、フランスのパリでは早くも懸念の声があがり始めています。2016年6月からパリ市内で始まったプライム・ナウに対して、パリ市長であるアンヌ・イダルゴは「小売店が閉店に追い込まれる可能性が高く、プライム・ナウに対しては強固な姿勢を取る」とさっそく意見を表明しました。背景には、地元の小売店に課せられてきた商売上の制約や税金が、アマゾンには課せられていないことがあるようです。

フランスでは、過去にこんなこともありました。2013年、フランス国内の書店を守るという名目で、政府は書籍の割引と無料配送を禁止する法案を成立させましたが、アマゾンは書籍の送料を0・01ユーロ（=1ユーロセント〔約1・13円〕）に設定することで対抗する姿勢を見せたのです。こうしたことからも、アマゾンに対する同国の危機感の高さがうかがえます。

本書の構成

日本とフランスとでは制度も商慣習もまったく異なりますので、単純に比較することはできないでしょう。しかしながら、日本ではアマゾンに対する不安がまだまだ漠然としている人が多いように思います。具体的にその影響力を回避する方法を模索するわけではなく、何となくやりすごしてしまう。それではいつの間にかアマゾンが持つ強力な磁力から逃れられなくなり、アマゾン抜きではビジネスが成り立たなくなってしまうということが本当に起こり得ます。

こうした現状をもたらしている原因には、ロジスティクスへの理解不足があると考えています。

本書では、私が1996年から船井総合研究所でネット通販セミナーの講演し、物流ベンチャー企業イー・ロジットの経営者として2000年から物流業界に身を置いてきた経験を基に、また現在も230社以上から通販の物流代行を引き受ける専門家として、知り得てきたロジスティクスのすべてをお伝えしたいと思います。さらにアマゾンの戦略と米国の最新事情、そして彼らへの対抗策なども解説することにより、みなさんの漠然とした不安を少しでも解消できればと考えております。

最後に、本書の構成を簡単にご説明します。

第一章では、そもそもロジスティクスとは何か、その仕組みを、ネット通販がどのように急成長を遂げたのかを通じて読み解いていきたいと思います。また現在のロジスティクスを知るために必要な最低限のキーワードを具体的な事例を通じて紹介します。章の後半では宅配会社や運送会社が現在置かれている状況をレポートし、ネット通販会社に迫りつつある転機について解説します。

第二章は、本書の主たるテーマでもあるアマゾンについてです。今も世界ナンバーワンの売上高を誇る小売企業である米国ウォルマートと、ネット通販では他を寄せ付けない圧倒的ナンバーワンの地位を築いたアマゾンとが、ネット通販とリアル店舗というお互いの領域に踏み込み、繰り広げている仁義なき戦いの詳細をお伝えします。また米国における物流の最新事情に精通していただくことで、アマゾンのロジスティクス戦略をより深くみなさまに理解していただきたいと考えております。

第三章では、いよいよアマゾンに対する差別化戦略を考えていきます。日本における代表的なプレーヤーを紹介し、また流通先進国である米国の最新ビジネスを解説しながら、具体的な3つの戦略を挙げ、私なりの結論をお伝えしたいと思います。

難しくなりがちな物流の専門書（私も何冊も執筆してきましたが）とは立ち位置を変え、一般のビジネスパーソンにもわかりやすく理解できるように、すべての章において、できる限り具体的な事例を入れていきます。物流の専門用語も最少限に抑えたいと思います。なお、本来はマーケティングなど流通戦略としても語れる部分を、ロジスティクスの意義を知っていただくために、あえて物流の視点で読み解いておりますのであらかじめご了承ください。

今、アマゾンの登場で物流を取り巻く環境が大きく変わり、あらゆるビジネスに影響を与える可能性が見えてきています。今後は、まさに「ロジスティクスを制するものが、ビジネスを制する」といってもいいでしょう。本書が、ロジスティクスを取り巻く現状を理解し、アマゾンだけではなく各社の最新事例や戦略を知るきっかけとなり、今後のビジネスや経済の見通しをよくするための一助になれば幸いです。

第一章　物流のターニングポイント

——ネット通販と宅配便の異変

アマゾンはなぜ書店から始まったのか？

アマゾンはインターネットの通販を始めるにあたり、なぜ最初に本を扱うことにしたのでしょうか。序章で触れたブラッド・ストーンの『ジェフ・ベゾス 果てなき野望──アマゾンを創った無敵の奇才経営者』を参考に、その理由を創業者であるジェフ・ベゾスの発言から読み取ると、次の2つにまとめることができます。

第一に、本は差別化とは縁のない商品です。本はどの書店に行っても、まったく同じものを買うことができます。他の商品と比べて不良品が混ざることも少なく、在庫が残ったとしても賞味期限があるわけでもありません。顧客は商品の質を心配することなく、買い物ができます。

第二に、書籍は300万点以上（当時）も存在しており、店舗とは異なり書棚に制限のないネット通販であれば、大型店舗に勝る品揃えを実現できます。本のように多品種の商品を販売しなければならない分野であれば、顧客に喜ばれる豊富な品揃えを実現し、オンラインでしかできないネット書店を作れる、とジェフ・ベゾスは考えたのです。

1995年7月に、アマゾンが最初の本をインターネットで販売した当時は、シアトルにあるジェフ・ベゾスのガレージから出荷していました。初期には2000アイテムしか商品を保管しておらず、ほぼすべての商品は顧客からの受注後、卸《おろし》（日本でいう取次業者）や出版社に即発注するスタイルでした。本が物流センターに届いた後、顧客に配送していたのです。その後、受注数が増えるにしたがい株式を上場するなどの方法で資金調達をしてから自前の物流センターを建て、本の在庫を確保し、アマゾンにとっての武器となるスピード配送を実現していきました。

ネット書店の新しさ

アマゾンが書店から始めたのが正しかったことは、その後の飛躍的な成長から証明されたといえるでしょう。本は物流側から見ても、形や大きさに極端な違いがあるわけではないので、保管や在庫管理がしやすいものです。種類が多いためピッキングに時間がかかるなど難易度は高いですが、取り間違えさえしなければいいのであり、梱包後に破損することもめったにありません。ネット通販を始めるにあたっては、本から始めるのが成功への近道だったのです。

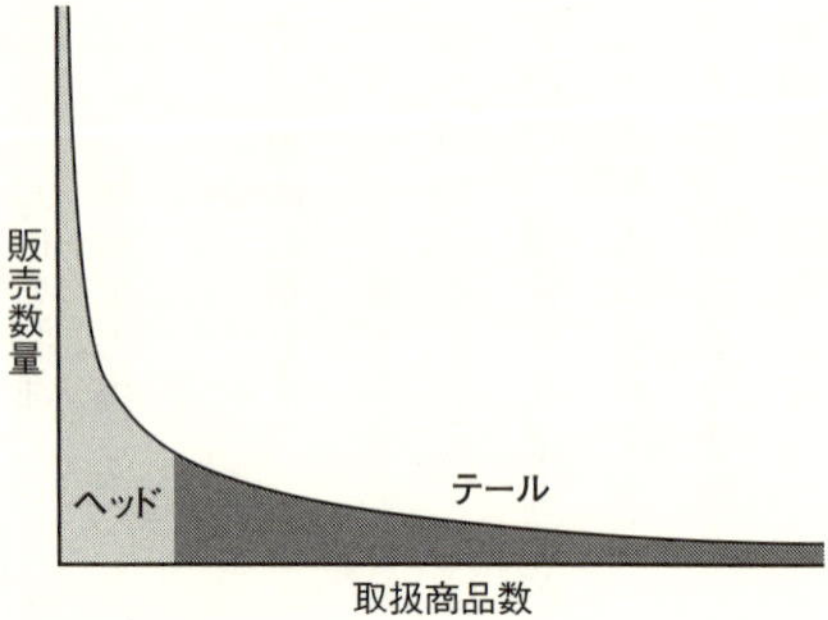

図2　ロングテール

では、なぜインターネットの登場以前に、本の通信販売は存在してこなかったのでしょうか。そもそも通販は、テレビやラジオ、カタログなどの媒体によって行われてきました。本の通販がテレビやラジオ、カタログで行われているとしましょう。果たして３００万点以上の本を販売することができるでしょうか。もちろん、できるわけがありません。それぞれ数十点程度の本をセレクトして販売するぐらいがせいぜいでしょう。テレビやラジオには時間の枠という制約があり、カタログには掲載するページ数に限りがあります。しかし、インターネットは無限に商品の棚を広げることができます。通信販売という領域において、通販専用の書店というコンセプトは、インターネットが登場して初めて実現できたものなのです。

「ロングテール（long tail）」という言葉があります。図２のようなグラフを一度はご覧になったことがある人も多いでしょう。通常の店舗では年に数冊しか売れないような商品でも、ネット書店では並べることができます。ゆえにベストセラー商品を左から順に並べていったとき、右側に売上が少ないそうしたマイナーな商品が恐竜の長い尻尾（ロングテール）のように伸びることから、そのように名づけられました。左側に来る大きな山が、恐竜の頭（ヘッド）に見立てられています。

この言葉を提唱したのは、『ロングテール――「売れない商品」を宝の山に変える新戦略』（早川書房、2006年）の著書もある、米国の雑誌『WIRED』の編集長だったクリス・アンダーソンです。日本では梅田望夫《うめだもちお》さんが『ウェブ進化論――本当の大変化はこれから始まる』（ちくま新書、2006年）で紹介したことから、広く知られるようになった言葉でもあります。

「ロングテール」の裏側

実際の店舗では売り場の面積に限りがあるため、売れ筋を並べるしかない。でも、インターネットならば商品の棚に制限がなく、あらゆる商品を扱えるため、ネット通販はすばらしい。こうした説明が、ロングテールという言葉が流行した当時になされました。では、どのネット通販サイトも無限に商品を並べてきたかというと、そうなってはいません。マーケット調査会社360pｉが調べたところによれば（"How Many Products Does Amazon Actually Carry?", 2016）、米国アマゾンの商品点数は1220万点と膨大ですが、同じような品揃えを実現しているネット通販サイトはほとんどありません。当たり前の話ですが、商品を単に並べただけでは商売が成り立たないからです。

店舗であればお客が商品を選び、レジへ持っていってお金を払い持ち帰れば取引完了です。しかし、ネット通販ではお客が選んだ商品を、販売している側が倉庫から取り出し、丁寧に梱包して、お客の自宅へ宅配する手続きをしなければいけません。誰が1220万もの膨大な品目の中から商品をピッキングし、大きさも材質もさまざまな商品を梱包し、配送するのでしょうか。もちろんそれを行うのはアマゾンであり、それぞれのネット通販会社です。

私は2000年頃のネット通販草創期から、ネット通販会社から物流のアウトソーシング（外部委託）を請け負う物流ベンチャー企業を運営していますので、この「ロングテール」という言葉の持つ意味を表面上だけで捉えてしまったことで失敗したたくさんの例を知っています。「これからはネット通販の時代だ！」と意気込み商品点数を多く揃えてネット通販サイトを開設したものの、ピッキングや梱包作業の効率が一向に上がらず発送作業がされていない受注件数が積み上がって配送が遅れ、しかも配送時の商品破損が続出して会社の評判を落としてしまった、なんて話が当時は山ほどあったのです。

「ネット通販＝店舗がないから安い」のウソ

もともと通信販売には「単品通販」と「総合通販」という分け方があります。単品通販は、テレビやラジオなど限られた枠内で「これぞ」というような商品を販売する形です。よく昼間のテレビでＣＭが流れるような化粧品や健康食品をイメージしていただけるとわかりやすいでしょう。一方で総合通販は、ニッセン、千趣会《せんしゅかい》、ディノス、カタログハウスなどカタログ通販会社が展開しているように、さまざまな商品を販売する形です。

単品通販と総合通販は、物流形態がまったく違います。単品通販のアイテム数はたいてい10から200以内に収まりますが、総合通販は1000から1万ほどのアイテム数に膨らむため、後者のほうが高度なロジスティクスを必要とするのです。経営不振によりセブン&アイ・ホールディングスの傘下に入ったニッセンは、大型の物流センターを自前で持っています。こうした設備を持ちながらカタログ通販は受注減にあえいでいるため、その物流センターの減価償却費や運用費が大きな負担となり経営を圧迫しているのです。

よく「ネット通販は店舗がないから安く販売できる」と言われますが、物流という側面から見ると、こうした言い方には疑問が残ります。アマゾンのように何でも扱うエブリシング・ストアを目指すネット通販は、カタログ通販会社よりもさらに多くの商品を扱うため、「超」がつく総合通販です。なぜアマゾンは商品を安く提供できるのか、その詳しい解説は次章に譲りますが、彼らは巨額を物流センターに投資し、高度なＩＴ技術を駆使して在庫のコントロールやピッキングの効率化、梱包の合理化など物流コストを最小化する努力を続けているからこそ、商品を安く提供することができるのです。

拡大するネット通販

価格の安さといつでも買える利便性ゆえに、ネット通販の利用者は年々増え続けていま

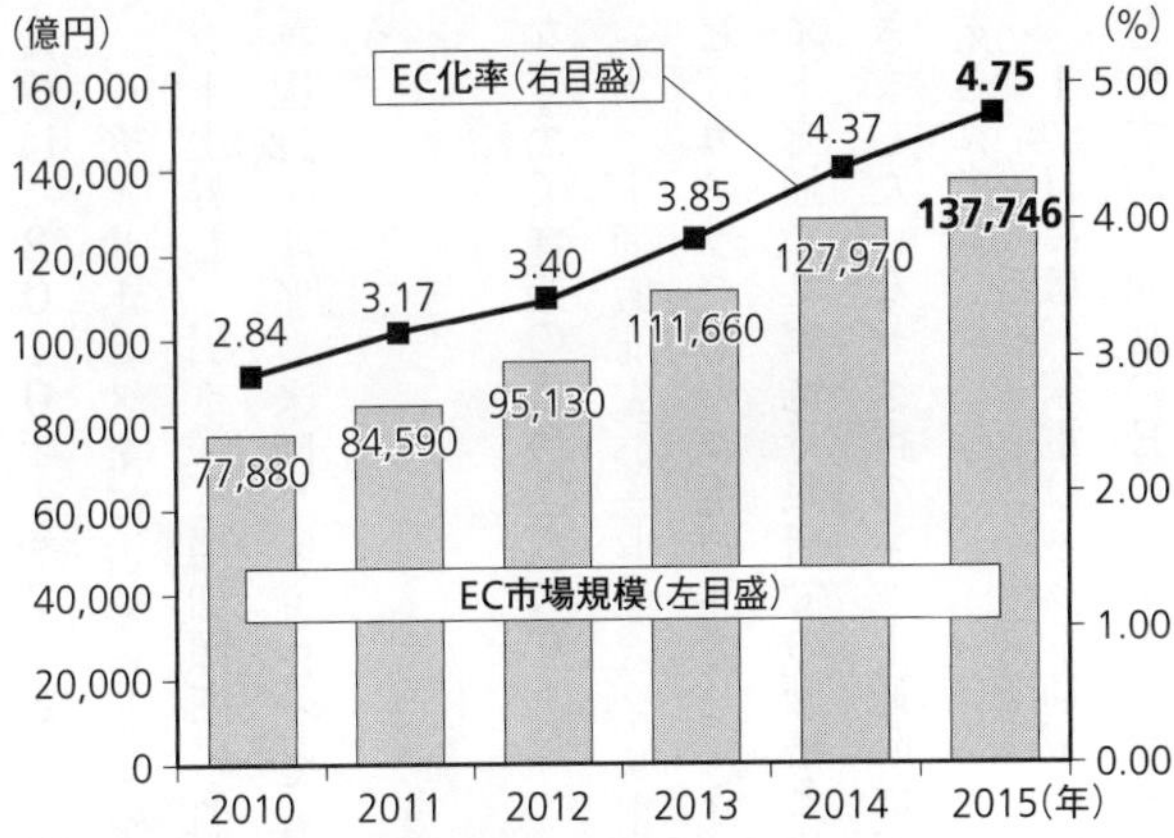

図3　日本のBtoC-EC市場規模の推移（出典:経済産業省）

す。消費者庁の調査（平成25年度消費者意識基本調査）によると、この1年でネット通販を利用した人は43・9％になるそうです。チラシやダイレクトメール等を含むカタログ通販が37・3％、テレビ通販が12・7％であることと比べても、いかにインターネットが通信販売に向いている媒体であるかがわかるでしょう。

経済産業省が発表した調査（平成27年度我が国経済社会の情報化・サービス化に係る基盤整備（電子商取引に関する市場調査））によると、2015年の国内のＥＣ（電子商取引）市場は約13・8兆円となり、前年度比7・6％と引き続き高い伸びを示しています。ＥＣ市場規模は、2010年の約7・8兆円から、この6年ほどで2倍弱に拡大しています。

小売・サービス業に占めるECの割合（EC化率）は、4・75％と前年から0・38ポイント上昇し、引き続き増加傾向にあります。序章で紹介しましたが、ECが先行している英国12・4％、米国7％と比べても低く、日本のEC市場はまだまだ大きくなるでしょう。

なぜネット通販の家電は安いのか？

「ネット通販＝安い」というイメージを形作ったものの代表といえば、パソコンやテレビ、カメラなどの家電製品でしょう。「価格ドットコム（価格.com）」のような価格比較サイトを通じて家電量販店での価格と比較することにより、ネット通販の安さが実感されてきました。なぜ家電のネット通販は安いのでしょうか。理由は2つあるのではないかと考えられます。

1つ目には、家電はネット通販の商品として扱いやすいということです。当たり前のことですが、通常のECサイトは商品の品揃えがなくては集客できません。ところが家電のネット通販会社はパソコンやテレビなど特定のカテゴリーに特化したとしても、販売価格を安くすることができれば、購買意欲の高いお客が価格ドットコムなどの価格比較サイトを通じて来店するため問題になりません。またカスタマーレビューなどお客の評価により、よほどのことがない限り「ここは怪しいサイトだ」と思われることがないため、中小の事業者でも確実に商品を売ることができます。

2つ目には、家電は複数の商品を横断して注文するお客が少ないため、単品通販の物流ノウハウで済むことが挙げられます。例えば冷蔵庫とカメラを同時に買うようなお客は少なく、せいぜい周辺機器や関連アイテム程度にとどまるでしょう。さらに家電はメーカーから納品された時点で丁寧にダンボール箱で梱包されており、配送作業の手間が少なく済みます。むしろお客の買いたい家電が明確であるため、お客が検討している製品よりもランクの高い製品を買ってもらうこと（アップセリング）や、利益率の高い周辺機器や関連アイテムを買ってもらうこと（クロスセリング）で、売上高を伸ばすこともできるでしょう。

家電とネット通販は、こうした理由から商品の価格が安く設定できれば、集客や物流のための投資やコストも少ないため、その結果として商品をより安価に提供することができるのです。

楽天が急成長できた理由

こうした中小のネット通販会社が出店して、ショッピングモールとして1つのまとまりになるのが、楽天市場やヤフーショッピングのようなモール型のECサイトです。アマゾンのように注文から配送までを自前で完結するのではなく、集客から注文までは楽天やヤフーに任せ、その後のピッキングから梱包、配送といった物流作業を各店舗が担うというスタイルです。

インターネットの登場以後、今までの20年ほどは、モール型ECサイトが優勢でした。楽天の2014年の国内EC流通総額は2兆100億円です。その多くが中核事業である楽天市場の流通総額ですから、1997年のサービス開始からわずか20年弱で急成長を遂げたわけです。

ネット通販の初期において、楽天市場のようなモール型ECサイトが急成長できたのには理由があります。先ほど示したように、一言で言えば中小のネット通販会社の集合体であったからです。

楽天は、さまざまなネット通販会社に出店してもらうことで、どこよりも早く充実した品揃えを実現しました。現在の店舗数は4万を超えています。買い物するときには、店舗が点在しているよりも、ショッピングモールのように1か所に集まっていて品揃えが充実しているほうが便利です。これはネット通販でも同じでした。豊富な品揃えを武器に、たくさんの店舗を巻き込むことで楽天は急成長しました。

これを裏側から見れば、要するに楽天は物流をそれぞれの店舗に委ねていますので、余計な時間がかからなかったともいえます。繰り返しになりますが、ロジスティクスは積み上げであり洗練されてくるまでに相当に時間がかかるものです。大きな投資をして物流センターを築き、システムを作り、運用のノウハウを積み上げてステップを踏む必要があります。そもそも楽天のようなモール型ECサイトは、ロジスティクスのノウハウを必要としていなかったため、立ち上がりのスピードが速かったのです。

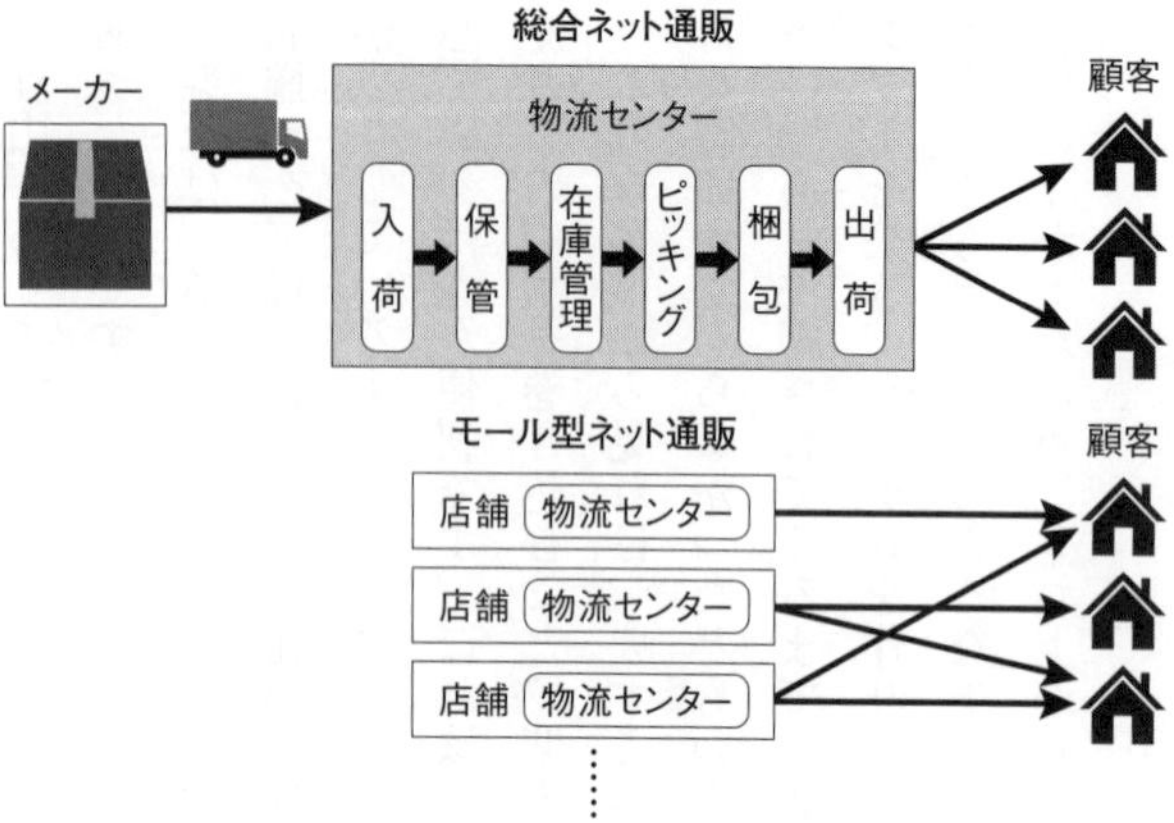

図4　総合ネット通販とモール型ネット通販の物流

ネット通販における物流機能

アマゾンのように1社による総合ネット通販と、楽天のように複数のネット通販会社が1つに束ねられたモール型ネット通販を、物流の側面で比較すると図4のようになります。

総合ネット通販の場合、商品の流れは非常にシンプルです。各メーカーからトラックなどで商品が「入荷」し、物流センターに届いた商品は顧客からの注文があるまで「保管」されます。保管には在庫数など数量と、在庫している場所などロケーションの2つを管理する「在庫管理」という機能が必要とされます。そして顧客からの注文に応じて、商品を

「ピッキング」し、ダンボール箱などに商品を入れ破損しないように緩衝材なども入れて「梱包」し、宛先のラベルを貼る作業があります。最後に商品が「出荷」され、委託先の宅配業者などによりそれぞれ配送され、顧客のもとへ商品が届けられるのです。

一方でモール型ネット通販の場合は、各店舗が「入荷」「保管」「在庫管理」「ピッキング」「梱包」「出荷」という物流機能を担うため、商品の流れが複数に分散されます。また総合ネット通販と比較してメリット・デメリットが出てきます。

大きなメリットは先ほど述べたように物流センターへの投資が必要なく、ノウハウも各店舗が持っているのですぐに始めることができるため、立ち上げのスピードを速くすることができる点です。また、たくさんの店舗に出店してもらうことで、いち早く品揃えを充実させることができるため、お客にとって魅力的に見えます。

モール型ネット通販の弱点

モール型ネット通販のデメリットは3つ考えられます。

1つ目は、物流品質のバラツキです。物流がそれぞれの店舗に委ねられているため、いざ保管状態が悪い、梱包が雑になる、配送が遅れるなど物流品質に問題が出た場合、改善に時間がかかり効率も悪い点が挙げられるでしょう。物流品質が安定しないと、顧客からの信頼を失いかねません。

2つ目は、規模のメリットが生じない点です。それぞれの店舗が個別にメーカーから商品を仕入れるため、大量に買うから割引してもらうこと（ボリュームディスカウント）ができません。これは宅配業者との配送料の交渉でも同じです。メーカーにしても宅配業者にしても、1か所との取引でこそ量の割に手間（出荷・集荷コスト）も少なくなり、値引きすることができるのです。

3つ目は、お客にとって利便性が悪い点です。お客にとっては1回の注文だったとしても、商品をモール内の違う店舗で買った場合は、それぞれの店舗から配送されてくるので、それぞれに配送料がかかってしまいます。

こうしたデメリットは、アマゾンのような総合ネット通販のロジスティクスが洗練されてくればくるほど、不利に働いてくるものです。総合ネット通販の場合、物流品質は年々向上されますし、売上高が大きくなることで価格競争力も出てきます。物さえ揃えばもちろん配送は1回でまとめて行うことが可能です。

物流はインフラであり、すぐには品質の違いを認識しづらいものです。しかし、総合ネット通販とモール型ネット通販の差が、近年になりはっきりと現れてきています。注文の翌日の配送はもちろん当日配送での勝負が始まった現在、こうしたモール型ネット通販の不利な面が年々顕在化しているのです。

苦戦する楽天

2014年以降、楽天は、楽天トラベルや楽天ポイントカード・クレジットカードの取扱高を加えたグループ流通総額しか公表しておらず、比較できる楽天市場だけの数字はありません。しかし、何人かの証券アナリストが指摘するように、私も中核事業である楽天市場が現在のところ、かなり苦戦しているのではないかと予想しています。

楽天市場が伸び悩んでいるという話題になると、よく「楽天市場のサイトは商品が買いにくい」という話を聞きます。欲しい商品を検索すると複数の同じ商品が表示されたり、送料も店舗ごとに異なるため価格だけで比較することもできず、そもそも店舗によりデザインがまったく違うので使いづらい、というのです。

しかし、サイトのデザイン自体は昔から大きく変わっておらず、それで売上を伸ばしてきたことを考えると、楽天市場の売上が伸びない理由をサイトのデザインや使い勝手だけで語るのはミスリードでしょう。もちろん、サイトの使い勝手が時代にそぐわないものになってきている側面はあると思います。しかし、苦戦の要因はもっと別のところにあるのではないでしょうか。

それが先ほど物流の側面から説明した、モール型ネット通販のメリット・デメリットの中にあります。

1つには、楽天市場の品揃えが優位に働かなくなっている点が挙げられます。序章でアマゾンの売上高の推移をご覧いただきましたが、それだけアマゾンが品揃えを充実してきていると解釈することができます。また2013年10月にはモール型ネット通販で楽天と争うヤフーショッピングが出店手数料の無料化を打ち出したことで、店舗数では34万店と楽天をはるかに上回りました。品揃えがサイトの差別化につながらなくなってきているのです。

もう1つが商品の価格です。楽天市場に出店しているネット通販事業者は、長期的に見ると価格競争力が高くありません。規模のメリットが生じにくく、物流へ大規模に投資できないため、物流改善によるコスト削減の余地もほとんどありません。さらには、楽天市場に出店するための月額利用料やシステム利用料といった手数料の負担もあります。アマゾンのような総合ネット通販の規模が拡大し、またヤフーショッピングのように出店手数料が無料化された場合、楽天市場の商品価格はほかのネット通販サイトよりも高くなりやすくなってきます。さらにヤフーは楽天に対抗して、ユーザーへの大胆なポイント還元を打ち出しました。

かつては圧倒的優位にあった品揃えで追いつかれ、価格競争で不利なモール型ネット通販の楽天は、非常に苦しい状況に置かれているといってよいでしょう。ネット通販は今、ターニングポイントを迎えているのです。その苦境の理由を説明するために必要なのが、ロジスティクスの視点です。

楽天物流の失敗

その楽天も、こうなるまでに手をこまねいていたわけではありません。2010年に楽天は「楽天物流」という子会社を立ち上げました。出店するネット通販会社の物流品質を上げるため、在庫管理やピッキング、梱包から出荷まですべてを出店企業がアウトソーシングできる物流支援サービスです。北は東北から、南は九州まで日本全国をカバーする5都市に8つの物流拠点を作り、物流ネットワーク構築を目指しました。

ところが2013年12月期、先行投資のコストがかさみ、楽天物流は債務超過に陥りました。同年7月に親会社の楽天に吸収合併される形で会社は清算され、一部の物流センターが閉鎖されるなどリストラが行われて、新たな物流センターの建設計画も撤回されました。現在も物流支援サービス会社「楽天スーパーロジスティクス」が関東で2か所、関西で1か所と限られた範囲で「楽天フルフィルメントセンター」を運営していますが、計画は大きく縮小されたのです。

一方でアマゾンも同様の機能を持つ物流拠点を全国に9か所、2016年の秋には10か所目（川崎市高津区）がオープン予定であり、本拠地である米国での展開を見る限り、日本においても今後もロジスティクスへの投資を続けていくでしょう。序章で、注文から最短1時間で商品を届ける「プライム・ナウ」のサービスを実現するため、アマゾンが専用の小型物流センターを設置している事例を紹介しましたが、アマゾンにとってロジスティクスは他社を圧倒するためのサービスであり、武器なのです。

ロジスティクスを楽天は短期で買えるもの、つまりコストだと考え、アマゾンは長期で構築する投資だと考えたところに決定的な違いが現れました。楽天物流の設立前に、私自身、物流コンサルタントとして彼らに助言しようとアポイントをとろうとしましたが、かないませんでした。今から思い返せば残念です。こうした戦略の違いの背景には、モール型ネット通販か総合ネット通販かというそもそもの出自の違いもありますが、ロジスティクスが今後の成否を分けることは間違いないでしょう。

非効率な物流で破綻したネット企業

楽天物流が失敗した理由はほかにもあります。あまりにも性急に、物流拠点を一気に広げすぎたのです。ロジスティクスは積み上げであり時間がかかるものですから、一気に広げすぎると往々にしてうまくいきません。

米国インターネット企業の壮大な失敗事例を紹介しましょう。オンラインのスーパーマーケットを構想し、1996年に事業をスタートした「ウェブバン（webvan.com）」です。1999年に株式上場により資金を調達、最終的には10億ドルを超える巨額の資金調達により華々しく事業を展開しました。

ウェブバンが特に力を入れたのが物流でした。わずか18か月で9都市に展開し、それぞれの都市に巨大な物流センターの建設を試みたのです。当時としては最新鋭の物流センターでしたが、ピッキングと梱包のノウハウがほとんどない中で設備だけが立派だったのでしょう。ある物流センターでは、8キロにも及ぶ長いベルトコンベアーからスタッフが商品をピックし梱包していたといいます。一部のベルトコンベアーが故障すれば全体を停止しなければならず、まったく効率が悪いものでした。一説には10ドルに抑えなければならないところを30ドルものコストがかかっていたと言います。

また、自前の配送用トラックを購入して、ドライバーも雇用して自ら配送を行いました。問題となったのは、その配送圏の広さです。都市部だけではなく郊外の顧客を取り込

写真2　ウェブバンの配送用トラック

むため、物流センターを中心に40マイル（約64キロメートル）もの広域に配送を試みたのです。都市部ならば顧客が密集して住んでおり、配送効率もいいのでしょうが、郊外ともなると1軒ごとの移動距離も長くなり非効率です。

ただでさえインターネットが登場したばかりで、顧客も今ほど多くなかった時代に、自前の配送網を築こうとウェブバンは試みたのです。2000年にドットコムバブルがはじけると資金繰りに行き詰まり、物流センターを次々と閉鎖。従業員を解雇して大規模なリストラを行いましたが、2001年に大きな負債を抱えたまま経営破綻しました。

独自の配送網を築くカクヤス

序章で述べたように物流はソフトウェア、インフラ構築、人がポイントです。また、楽天物流やウェブバンの事例からわかる通り、ネット通販会社が独自で自前の配送網を築くのはそう簡単なことではありません。物流センターへの投資金額がかさみ、減価償却費や運用費が経営を圧迫するからです。

一方で、特定の地域に限り自前の配送網を築くことで、着実に売上を伸ばしているユニークな企業があります。「ビール1本から送料無料」を入口に、お酒などの飲料、食品の宅配サービスを展開するカクヤスです。同社の強みは自社ですぐに配送できる配送網を構築できていることです。店舗から配送する体制が整っている東京都23区の全域、東京都のそれ以外の一部地域や大阪府の一部地域、その他神奈川県や埼玉県の一部地域などでビール1本の注文でも送料無料としています。

店舗から半径1・2キロメートル圏内を配送エリアに設定し、電話による注文でもネットからの注文でも、365日無料、ビール1本から、最短30分の配送を可能にしています。今まで規制により守られていた酒店のイメージを一変し、安さと便利さを売りに業績を伸ばしているのです。お酒を扱うような飲食店の利用が多いため、最寄り店舗に在庫がある場合は「当日午後9時までの注文であれば、当日出荷、当日届けが可能」という体制もしっかりと出来上がっています。

当初は配送1回につき300円をとっていましたが、無料配送を試みたところ注文数が増えました。その試行錯誤の中で、カクヤスは1店舗あたり1・2キロメートル半径商圏というロジスティクスを見つけ出しました。これが1・5キロメートルだと面積が1・56倍、配送の移動距離も2倍になり、コストが一気に増大するため、1・2キロメートルがカクヤスのビジネスにとって最も効率的なのです。ウェブバンが64キロメートルもの広域への配送を試みたのとは対照的です。

現在のモデルを1999年に着想し、送料無料での展開を始めてみたものの利益が出るまでに時間がかかり、当初は100店舗で57店舗が赤字だったといいます。しかし、特定のエリアに集中して配送網を築くことで地域内の知名度を上げ、2005年についに黒字化しました。まさに一気に展開するのではなく着実に広げていくロジスティクスであり、理にかなっています。

ストックポイントを見る

カクヤスのビジネスをより深く理解するため、ここで物流用語を1つ覚えていただきたいと思います。「ストックポイント（stock point）」です。英語でストックは在庫、ポイントは地点を指しますが、配送のために在庫を置いておく場所のことを意味し、多くの場合はピッキングから出荷までの基本的な物流機能を備えています。

ロジスティクスの視点から見てカクヤスモデルが優れているのは、商材をお酒など飲料品と一部の食品に限ることで、店舗そのものをストックポイントに位置づけた点にあります。彼らはお金をかけて巨大な物流センターを作ったわけではありません。店舗の限られたスペースの中でも在庫できる程度に商材を絞り、その代わりに即日の無料配送という便利なサービスを展開しているのです。

ネット通販において店舗をストックポイントとする例は多々あります。ストックポイントがどこに置かれているのかを見れば、必然的にその会社のロジスティクスが見えてくるのです。顧客が買いやすい場所まで持っていく（届ける）ことが物流の役割です。そのためストックポイントは顧客に近ければ近いほど利便性が高くなります。

では究極のストックポイントはどこでしょうか。それは、あなたの家、もっといえばリビングルームです。自宅をストックポイントと見立てるビジネスが昔から存在します。いわゆる「富山の薬売り」です。江戸の中期に始まったとされていますが、家庭薬を売る富山の行商人は全国各地の得意先に薬を置き、年に一、二度訪問した際に顧客が使用した分のお金をもらい、薬を補充するという「置き薬商法」を展開していました。

顧客が注文する前から届けているという画期的なビジネスであり、これをストックポイントとして見るのはやや強引ではありますが、買いやすい場所まで持っていく（届ける）という物流の役割を知るにはわかりやすい好例です。

オフィスグリコの革命

この「置き薬商法」と似たサービスを行う企業が出てきました。その先駆けとなったのが、大手食品メーカーの江崎グリコが展開するオフィス向け置き菓子サービス「オフィスグリコ」です。これまで全国11万の事業所に設置されて、１９９８年の設置テストからわずか十数年のうちに売上高が約53億円にまで急成長したビジネスです。読者のみなさんの中にも、利用したことがある人もいるかもしれません。

オフィスグリコは、オフィスで働く人の目につく場所に1個100円のお菓子を入れた小さな箱「リフレッシュボックス」を設置し、食べたい人が100円を入れてお菓子を取り出し、利用するというサービスです（一部150円や200円の商品もあります）。ビスケットやキャラメルなどお菓子が詰め込まれたボックスの設置は無料です。飽きさせないように1年間に150種類もの新商品を提供しているそうです。

薬ではなく食品なので、グリコの担当者は富山の薬売りよりも頻繁にオフィスを訪れ、おおよそ週に1回か2回、代金の回収と商品の入れ替えや補充をします。「置き薬」ならぬ「置き菓子」サービスというわけです。ちなみに「置き菓子」という言葉は、江崎グリコの登録商標となっています。大手コンビニエンスストアのファミリーマートも「オフィスファミマ」を東京都内で始めるなど新規参入もありますが、オフィスグリコはこの分野では圧倒的な売上高と知名度を誇り、他社の追随を許さない盤石な体制を作り上げています。

気になるのは、お金を払わないで食べてしまう人が出てこないかどうかです。グリコが手本としたのは地方でよく見る「野菜の無人販売」だそうで、性善説が成り立つ日本であればビジネスが成り立つと考えたそうです。現在では代金の回収率は約95％であり、販売数量と金額が合わなくても設置先の企業に差額を請求することはありません。

オフィスグリコは現在、東京、大阪、名古屋、福岡など、オフィスが集中する大都市圏において、60の販売センターを設置し、約600人のスタッフが巡回しています。スタッフが巡回するエリアを絞り、密度を上げることで効率化している点は、先のカクヤスモデルと同じです。また、意外かもしれませんが、ヤマト運輸のサテライトセンターともモデルが似ています。私が経営する会社のセミナーで、オフィスグリコの発案者で事業責任者だった方に講演いただいたことがありますが、目標となる数字の設定方法がとても似ていて驚きました。

ラストワンマイルが差別化の分かれ目

ストックポイントと並び、もう1つロジスティクスを見るための重要なポイントとなる言葉があります。「ラストマイル（last mile）」です。もともとは主に通信業界で使われていた言葉で、最寄りの基地局から家庭や企業など利用者の建物まで結ぶ最後の通信ネットワークを接続する区間のことを指していましたが、近年では物流業界でも同じような意味合いで使われるようになりました。なお、日本では「最後の1マイル」を意味する「ラストワンマイル（last one mile）」という言い方のほうが一般的ですので、こちらの言葉を使って説明していきましょう。

ラストワンマイルは、いわゆるストックポイントとなる物流センターからお客の家まで商品を運ぶ「配送」の最後の区間を意味します。店舗のないネット通販において、この最後の区間でどのように差別化ができるかが勝負の分かれ目となりつつあるのです。

他社を寄せつけない独自のラストワンマイルを築き、売上を伸ばす会社があります。法人向けにオフィス用品などを通信販売する事業からスタートし、今では一般向けにもネット通販を展開する「アスクル」です。

アスクルの社名が、商品を注文すると翌日に届く、つまり「明日来る」から来ていることをご存じの人も多いでしょう。ラストワンマイルに力を入れることで、注文の翌日に必ず届く仕組みをいち早く構築し、市場を広げたのがアスクルです。まさに「物流を制すれば市場をも制す」という言葉を体現している会社だと思います。

アスクルの強みは物流

もともとアスクルは、プラスという文具メーカーのカタログ通販事業を手がける部門による社内新規事業として始まりました。文具業界では大手文具メーカーのコクヨがシェアトップを独走しており、企業向けの文具販売も大手企業に営業の担当者を送り込むことでがっちりと顧客を囲い込んでいました。そこでプラスが目をつけたのは社員数の少ない中小事業者です。規模の大きい法人ほどの大量の購入がないため、大手文具メーカーもこまめに営業していません。そこに目をつけて、中小事業者向けにカタログ通販を始めたのがアスクルの前身です。さらにアスクルは街の文具店に新規顧客開拓を任せて、料金回収の手数料を払うことで巻き込みに成功しました。2016年度のアスクルの売上高は3150億円と現在も成長を続けています。

アスクルは前述の通り、当初から物流を重視したビジネスモデルです。翌日に届くことの便利さという価値で急成長したこともあり、物流のスピードを常に磨いてきました。現在、アスクル全体の物流センターは仙台、埼玉、東京、横浜、名古屋、大阪、福岡の7拠点で、延べ床面積は10万坪にも上ります。この物流拠点がストックポイントとなり、全国の翌日配送を実現しています。

そしてアスクルが最も力を入れているのがラストワンマイルです。配送専門の会社を自社で抱えおり、オフィス向けの配送を中心にアスクル全体の配送の約6割を子会社の「ビゼックス（Bizex）」が請け負っているのです。自社グループ内に配送トラックを1000台以上も保有し、1日に1台あたり100件から150件程度を配送するといいます。こうした自前の配送網を築き上げることで、「明日来る」ことの物流価値を揺るぎないものにし、オフィスにいる法人顧客の信頼をがっちりと勝ち取っていったのです。

アスクル成功の要因

アスクルが順調にビジネスを広げられた要因を物流の視点から読み解くと、2つのことが挙げられるでしょう。

1つは、もともとが文具メーカーの社内ベンチャーであり、文具などオフィスの事務用品に商材が絞られていた点が功を奏しています。アマゾンが本のネット通販からスタートしたことは本章の冒頭に書いた通りですが、アスクルもまた初期より商材が絞られていたことで、入荷から保管と在庫管理、ピッキングから梱包、出荷へと至る物流機能のノウハウをレベルの低い段階から着実に積み上げていくことができました。取り扱う商材を文具から、ミネラルウォーターやお茶など飲料品や、ティッシュペーパーなどオフィスで必要とされる文具以外の日用品へと徐々に広げることで、より高度なロジスティクスへとノウハウを積み上げることができたのです。

もう1つは、オフィス向けのB2B（Business to Business：企業間取引）であったことが大きいと思います。図5のように、ネット通販などB2C（Business to Customer：企業と一般消費者の取引）の物流と比較すると、商品を届ける最終地点がオフィスであることが、非常に効率のいい物流につながっていることがわかるでしょう。人が集まる

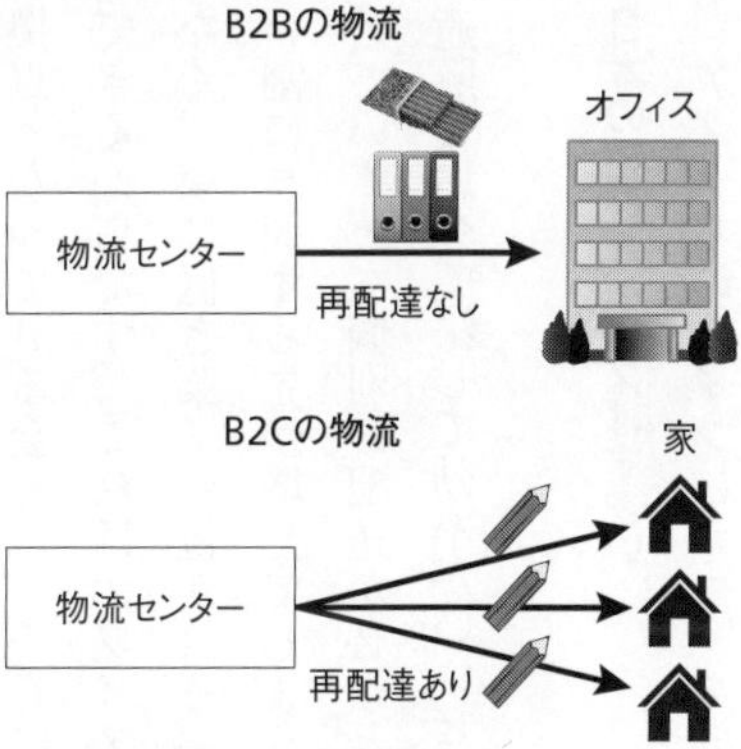

図5　B2BとB2Cの物流比較

拠点となっている会社に、不在のため再配達となることもなく、まとめて配送することができるからです。これはオフィスグリコの仕組みにも同じことが言えます。オフィスではなく、家に置き菓子が置かれる「ホームグリコ」だったらどうでしょうか。販売量が少ない割に訪問する先が増えてしまうため、間違いなく商売が成り立たないでしょう。こう考えていくと、個別の配送が必須となるB2Cのネット通販が、物流視点で見るとB2Bの通販と比べて決して効率がいいビジネスではないことがはっきりしてくるはずです。

日本の宅配サービスはすごい

アスクルのメインはオフィス向けのB2Bであり、彼らのように配送先がある程度限られていればラストワンマイルを自前で押さえることができるかもしれません。先ほど紹介したカクヤスの場合は、お酒など飲料品や食品を個別配送するエリアを限定して、店舗をストックポイントと位置づけることでラストワンマイルの自前配送を実現していました。

しかし、アスクルやカクヤスのようにラストワンマイルを自前で行う企業はむしろ少数です。B2Cをメインにするネット通販会社のほとんどが、自前で配送することはありません。それぞれヤマト運輸や日本郵便などの宅配会社へ委託します。

日本の宅配サービスのレベルは非常に高いことで知られています。米国では宅配を通常便で送っても、届くまでに数日かかります。例えば、代表的な宅配会社であるUPSが西海岸のサンフランシスコから東海岸のニューヨークまで届けるのには5日かかります。翌日着にするためには高額のエクスプレス（急ぎ）便にしなければなりません。国土の広さに違いがありますが、日本ではヤマト運輸が一部の地域を除きほぼ全国どこでも翌日配送にすることができます。しかも配達時間帯の指定が当たり前のようにありますが、米国では時間指定はできません。土日祝日に関係なく届けてくれるというのは米国ではあり得ず、さすが日本の宅配サービスです。

日本の小売市場は約141兆円といわれています（平成26年「商業動態統計年報」より）。ここ数年の伸びは年率1％程度です。その中にあって、物販系分野のネット通販の伸びは顕著で、EC化率も年々上昇してきていることはすでに紹介した通りです。その成長を支えてきたのが、翌日配送、日時指定の再配達も可能な物流品質の高い日本の宅配便なのです。これほど便利にネット通販が使えるのも、ヤマト運輸、佐川急便、日本郵便などのおかげです。

宅配便の異変

ところが、今その宅配便に異変が起こりつつあります。

2013年12月、宅配会社による集荷の総量制限のため、顧客側では発送準備ができていても発送できない事態に陥りました。宅配便の受付窓口で顧客に約束している到着日に荷物を届けることができず、日時指定で送り出したはずが実際の到着はその次の日になってしまったわけです。

そして2014年3月、全国各地で宅配便の配送が滞る事態に陥りました。4月に消費税が5%から8%に引き上げられ、その直前に大量の駆け込み需要が発生したからです。3月31日分の発送がピークとなり、4月1日には東京全域で半日から1日超の遅れが発生しました。トラックが不足して、大型車で店舗納品するところを軽車両を走らせざるを得なかった企業もあります。予想を上回る輸送需要から、パニック状態となった配送現場もありました。

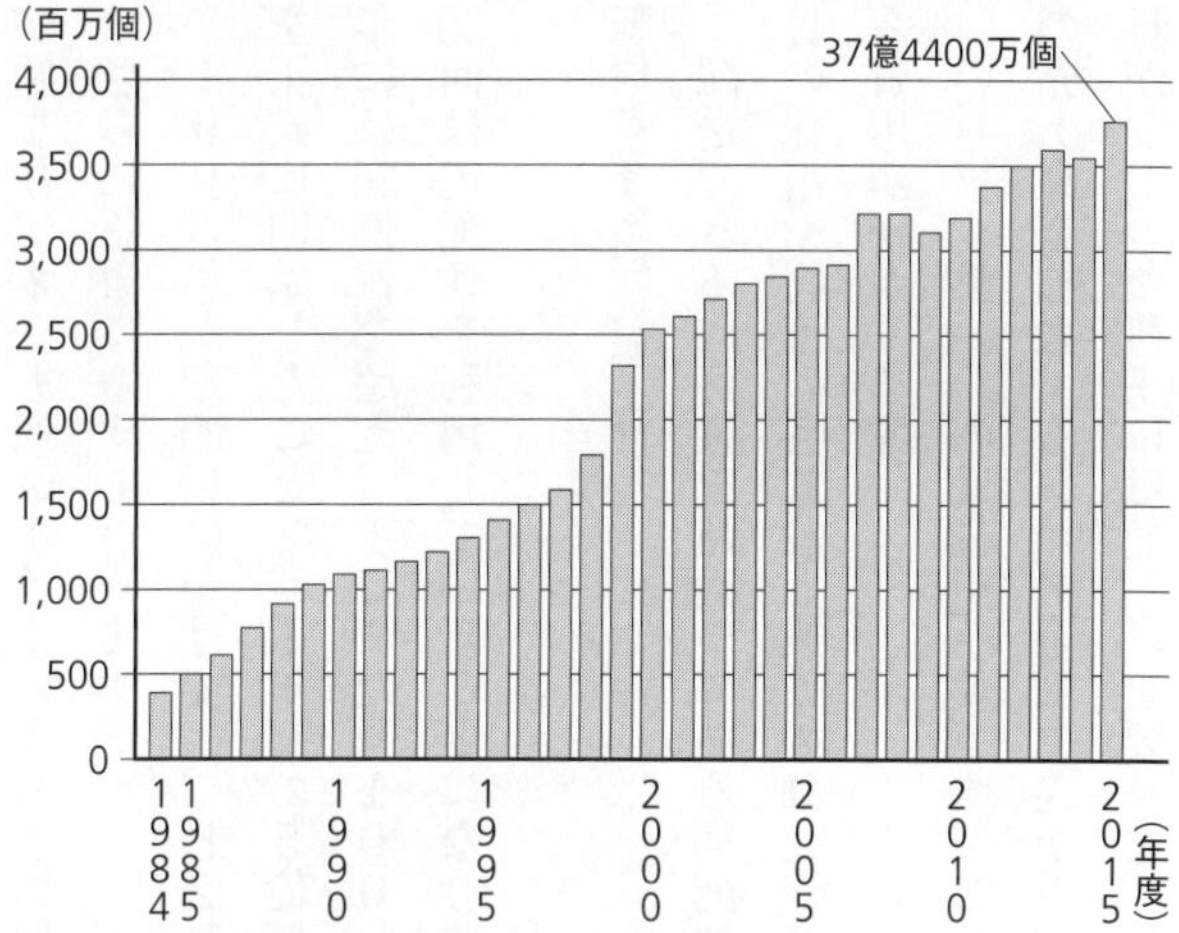

図6　宅配便取扱個数の推移（国土交通省調べ）

こうした事態が起こる原因には、ネット通販市場の成長に伴い右肩上がりで宅配便の需要が増え続けることが挙げられます。日本では「届いて当たり前」の宅配便だったのが、「当たり前には届かない」という心配が生まれてきたのです。

宅配便が日常的な物の配送手段として市民権を得たのは、ヤマト運輸が1976年に「宅急便」サービスを開始して以降のことです。1979年には宅急便だけで年間1000万個に達し、1984年には年間取扱個数1億個を突破。1989年に宅配便全体で10億個を超えました。インターネットの常時接続サービスが始まり、ネット通販が多くの人の手の届くものとなるにしたがって、宅配便の取扱個数はさらに急激に増えていきます。

1998年から99年にかけては、B2Bをビジネスの中心としていた佐川急便が宅配便を正式に開始したことで、1年間で5億個以上も取扱個数が増えました。そして2013年には36億個を超え、1日あたり1000万個、国民1人あたりで単純換算すると、年間30回は宅配便を利用していることになります（図6）。

転機となる運賃値上げ

配送できる許容量を超えつつある宅配便の需要に対応するためには、各宅配会社とも人員の採用や物流の各施設と設備の強化が必要になります。そのためには、当然のことながら費用がかかります。

いち早く動いたのは佐川急便です。2012年に、値上げに踏み切りました。それまでの売上高を拡大するシェア至上主義から、利益率を高める方針に切り替えたのです。配送料が安かった荷主には値上げを要請し、値上げを受け入れなかった荷主との取引からは手を引きました。2013年には、さらにネット通販会社などB2Cを扱う荷主の配送料値上げを実施しました。佐川急便はすでにピーク時対応のコストをまかなえないほど、追い詰められていたのです。

その顧客の中で最大手の荷主がアマゾンです。ヤマト運輸、日本郵便とのシェア獲得争いの中で、採算割れ覚悟で請け負ったのがアマゾンとの取引でした。2013年にアマゾンと値上げ交渉をしましたが受け入れられず、佐川急便は大口の取引先だったアマゾンとの契約を打ち切ったのです。そうした値上げの結果、佐川急便は2014年度、宅配便の業務を開始以来、初めて取扱個数が前期を下回りました。利益は大きく上がりましたが、13・5億個から、12億個強となり、宅配便業界でのシェアも33％台となり前年より5ポイント落としたのです。

宅配便の最大手のヤマト運輸も動きました。2014年より、配送料の全国一斉値上げに踏み切りました。これまでは荷主ごとに取引量に応じた割引などが多く行われていたのですが、荷物のサイズに応じた適正な運賃を回収することで、実質的に値上げしたのです。また特に取扱個数のキャパシティに限界がある定温輸送サービス「クール宅急便」は大きく値上げされ、４割、５割の値上げ要請は当たり前だったといいます。

寡占が進む宅配便業界

このタイミングでのヤマト運輸の値上げには、ネット通販会社など多くの大口荷主が応じざるを得ませんでした。なぜなら、すでに宅配便業界ではヤマト運輸が圧倒的シェアを持つ時代に突入していたからです。

かつての宅配便業界における主要プレーヤーといえば、ヤマト運輸、佐川急便、日本通運、ＪＰ（日本郵政）グループの日本郵便の４社がありました。２０１０年に日本通運の「ペリカン便」と日本郵便の「ゆうパック」がサービス統合したことによって３強の時代になり、その統合後の一時的な混乱の中で、ヤマト運輸と佐川急便がシェアを伸ばし、２強の時代となりました。しかし、ほどなくして、前述の通り佐川急便がネット通販大手のアマゾンとの契約を打ち切ったことで、宅配便業界はヤマト運輸が突出した力を持つ業界となっていたのです。

最新のデータによる宅配便市場のシェアは図７の通りです。宅配便の会社はかつて40社を超えていましたが、現在は21社と2分の1にまで減少しています。ヤマト運輸、佐川急便、日本郵便の3強による寡占化が進み、上位3社の合計は92・5%にも達します。特に最大手のヤマト運輸は45・4%と宅配便市場の半分弱を占めるほどにシェアを広げました。ヤマト運輸は日本のインフラを支える会社だという自負を持ち、宅配会社のリーダーとして、さまざまな課題に対応しています。

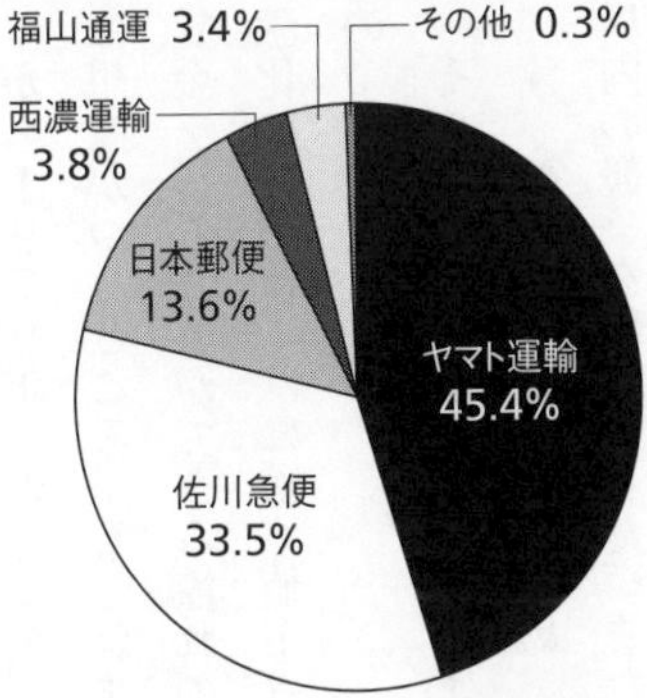

図7　日本の宅配便シェア（2014年度）
（国土交通省調べ）

深刻なトラック不足

配送料値上げという転機が宅配便に訪れた背景には、運送業界で貨物を運ぶトラック、ドライバーが慢性的に不足していることがあります。

なぜドライバー不足に陥ったかというと、理由はシンプルです。トラック運転手の給料が相対的に安くなってしまったからです。1975

年から1979年にかけて公開された東映の映画『トラック野郎』シリーズをご存じの方は想像がつくところかもしれませんが、かつてのトラック運転手は頑張れば頑張るほど高賃金を得ることができる憧れの職業でした。ところが、今は違います。運送業界の競争の激化に伴い値下げに次ぐ値下げを続けている間に、ドライバーの賃金も下げられていったのです。

そのきっかけとなったのは1990年に政府が行ったトラック運送業に対する規制緩和です。新規参入をさせるため、事業者が自由に運賃を設定できるようにするなど、運送業界内の競争を促しました。また規制緩和により事業者に必要なトラックの最低保有台数が5台に引き下げられたこともあり、こうした新規参入者の大半は零細事業者でした。結果として1990年には日本全国で約4万だった事業者数が、2007年には約6万3000に達しました（国土交通省調べ）。こうした事業者は大手の下請けとなることも多く、一次下請け、二次下請けとなるにつれて手数料が引かれていくため、採算性の維持が難しい状況で仕事をせざるを得なくなったのです。

ドライバーたちは下がる賃金に対して長時間労働をすることで同等の給料を維持してき

ましたが、規制強化により長時間運転ができなくなってしまいました。結果、ドライバーになりたいという若い担い手が枯渇し、トラック運転手の高齢化が進み、高まるトラックの需要に対して応えられなくなってきたのです。

「再配達」問題

トラック不足に加えて、宅配便業界を悩ませているのが「再配達」です。ネット通販利用者の広がりとともに、届け先の受取人が家に不在のため、再配達となるケースが激増しているのです。国土交通省の調査によれば、再配達率（1回目の配達で不在で再配達になる率）は約2割にも上っています。3回以上の再配達が必要となる場合も全体の1％で、つまり100件あればそのうちの1件は3回以上の配達をしないと配達が完了しないのです。

受け取り側の希望に合わせて配送時間を指定できる、日本ならではのサービスがあります。宅配の荷物を2時間程度の範囲内で届けるという時間指定受け取りですが、ネット通販の伸びに合わせてこの利用も増えています。しかし、この時間指定は再配達の軽減に一定の効果はありましたが、最近ではこれだけでは十分な効果が見込めなくなってきました。先の国土交通省の調査では、このサービスを利用した場合でも再配達となるケースは、全体の数値（約2割）とあまり違いはなく、運送会社の負担軽減にはつながっていません。

再配達となった場合、いったん荷物を配送の拠点となる営業所に持ち帰り、再配達の依頼があるまで保管しておかなければなりません。また、本来は受取人から再配達の依頼があるまでは再訪することはないのですが、現実には宅配業者が「不在通知」を郵便受けに残してきても、必ずしもすべてのお客さんが再配達の連絡をしてくるとは限りません。実際に、何度も不在票を残さないと受取人から連絡が来ないと嘆く事業者が多いのです。とはいえ、荷物をいつまでも保管しておくわけにはいきません。少しでも早く配送を完了するため、ドライバー自身の判断で二度、三度と配達先を訪問することが常態化しています。

再配達の連絡があった場合でも、配送時間指定の要望に応じて配送ルートの変更を余儀なくされるケースがあります。再配達に伴うコストも馬鹿になりませんが、そうした負担を配送元であるネット通販会社や受取人である利用者に転嫁することもできません。結果として運送会社の持ち出しとなり、すべて負担せざるを得ないのが現状です。

この再配達の問題は、運送業界のドライバー不足と同様に配送コストのさらなる値上げを招きかねないため、2015年に宅配事業者、通販会社、コンビニエンスストア事業者、ロッカー会社、業界団体が名を連ねる「宅配の再配達の削減に向けた受取方法の多様化の促進等に関する検討会」が立ち上げられました。この会では、コンビニ受け取りや専用ロッカーの利用など、受取方法の選択肢を増やすことで配送効率を向上し、またドライバー不足の解消も目指していくことが検討されました。この報告書によると、再配達によるムダは年間で約9万分の労働力に相当し、金額にすると約2600億円にも上ります。この問題に対処するため、私も流通会社と宅配会社のパートナーシップを築くため「宅配研究会」を設立し、活動しています。

受け取り場所の多様化

宅配各社も再配達への施策を始めています。ヤマト運輸は、お客が受け取りやすい場所を増やすため、宅配便の受け取り用ロッカー設置を拡大しようとしています。ヤマト運輸とフランスの郵便機器製造大手のネオポストの子会社が合弁で設立したパックシティー・ジャパンは「プドー（PUDO）」のブランド名で、宅配ロッカーを開発しました。最大の特徴は宅配ポストにヤマト運輸の名前を一切出さず、ヤマト以外の宅配会社にロッカーを開放することで、ライバル会社が相乗りしやすくしたことにあります。再配達は業界が一体となり取り組むべき課題だというヤマトの意気込みを感じます。

佐川急便は大手コンビニエンスストアのローソンと手を組みました。合弁会社のSGローソンをし、24時間営業の利便性を活かし、宅配受け取りの選択肢を増やしています。日本郵便は、郵便ポスト製造大手のナスタを巻き込み、さらにアマゾンと共同で受け取り専用ポスト「クオール（Qual）」を開発し、販売を始めました。ポストの投函口を大きくすることで荷物の投函をしやすく工夫し、投函により再配達を減らす試みです。

私自身も物流ベンチャー企業の経営者として再配達の課題に取り組んでいます。2016年4月に、宅配の荷物追跡や再配達依頼が簡単に行えるスマートフォンの無料アプリ「ウケトル」をリリースしました。このアプリは、ヤマト運輸、佐川急便、日本郵便などの荷物に対応しており、アマゾンや楽天などのアカウントに連携すると、ユーザーの代わりに各サイトの情報を見にいき、購入した荷物の現在地点を自動的に追跡できるようになるサービスです。届く直前や、荷物が不在になった際、アプリでプッシュ通知を受け取れ、再配達をワンクリックで依頼できます。

宅配会社、流通会社を巻き込み、今後も再配達を減らすための業界の取り組みはさまざまに行われていくでしょう。

「全品送料無料」中止の衝撃

さて、このように宅配会社を取り巻くさまざまな課題がきっかけとなり、最終的に配送料の値上げに踏み切ったわけですが、それに伴いネット通販各社の争いにも大きな変化が出てきています。顕著に見られたのはアマゾンの全品送料無料の中止です。一部の新聞報道によればヤマト運輸を利用するアマゾンの日本法人も、過去数回にわたり配送料の値上げを受け入れてきたようです。2016年に、顧客の注文金額が2000円に満たない場合、350円の配送料を徴収する方針へと転換したのです。

アマゾンは日本でビジネスを展開するにあたり、もともと1回の購入金額が1500円未満の注文に対して300円を徴収していました。それを2009年に期間限定のキャンペーンとして書籍全般を無料化したことを皮切りに、2010年からは一部の大型商品を除きほぼ全商品を送料無料としました。2012年に調味料やおもちゃなど一部の低価格商品に限り、送料が無料となる1回あたりの購入金額の最低ラインを2500円とする「あわせ買いプログラム」と呼ばれる施策を導入していましたが、そのほかの商品の全品送料無料は継続していました。このアマゾンが先導してきた全品送料無料がとうとう終了したのです。

アマゾンの送料における方針転換は、宅配便を取り巻く状況が様変わりしているのと同様に、ネット通販会社に大きなターニングポイントが訪れていることを示しています。今後どのようなことが起きていくのでしょうか。これからの日本に訪れるであろう変化を予言するかのように、アマゾンの本拠地である米国では大きな動きが生まれています。

重くのしかかる配送費の負担

図8をご覧ください。近年のアマゾンの配送費と、売上に占める配送費の割合を示した

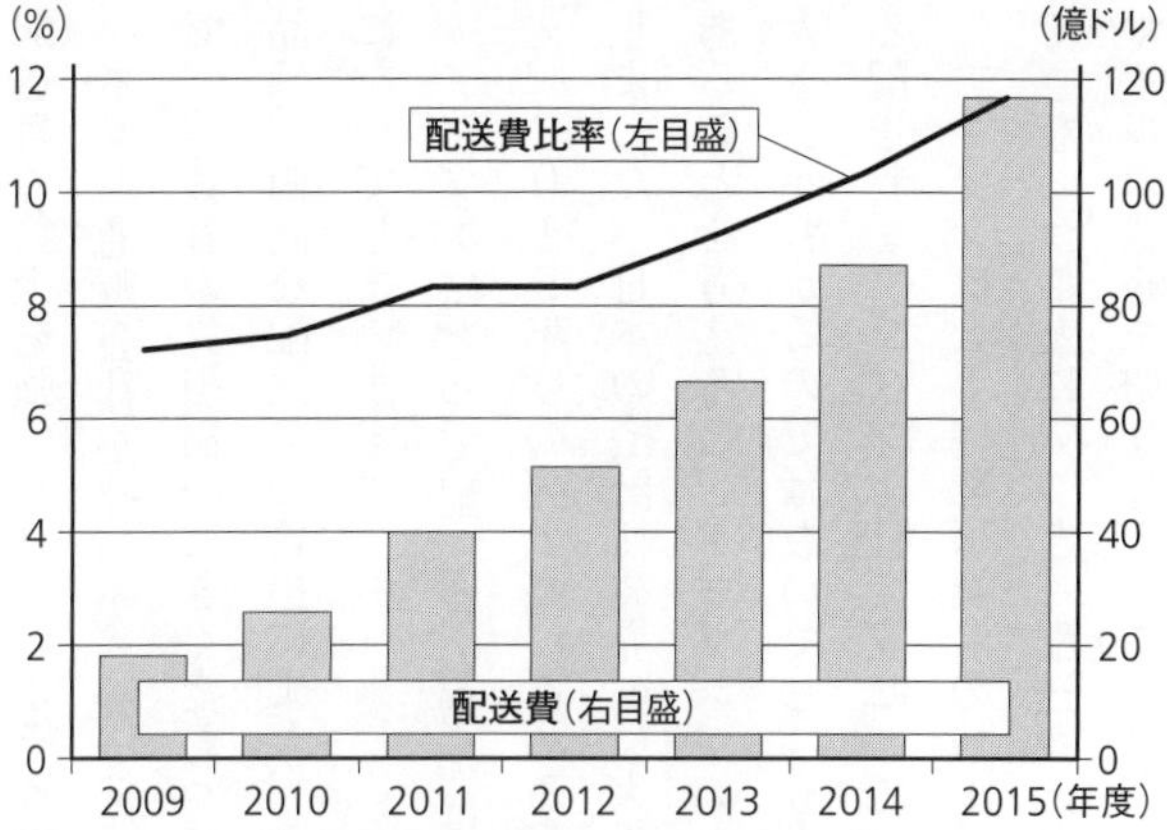

図8　アマゾンの配送費と配送費率（IR資料を基に筆者作成）

ものです。配送費比率が２００９年より年々膨らんでいるのがよくわかります。その背景には、日本の状況と同じように、宅配会社が毎年のように値上げをしていることがあります。

米国の宅配会社といえば、ヤマト運輸が宅配のノウハウを学んだＵＰＳ（United Parcel Service：ユナイテッド・パーセル・サービス）があります。ネット通販をはじめとするＢ２Ｃの宅配サービスでは、９割近いともいわれるほどの圧倒的なシェアを占めています。その半ば独占的な支配構造の結果として、アマゾンをはじめ、イーベイ、グーグルなど世界に名だたるＥＣ企業でさえ、割高と思われる配送料の負担を強いられているそうです。

ネット通販会社がせっかく割安な商品価格を設定して販売したとしても、配送料次第で、消費者の負担額が大きく変わってしまうのです。特に低価格で消費者に訴求したい商品は、割高な配送料の負担により、その魅力まで薄められてしまうという本末転倒の関係になってしまいます。

アマゾンにとって配送費の増加は悩みの種です。2014年度に配送費が1兆円を超え、2015年度の売上高に占める配送費比率は11・6%となり約1・3兆円にまで拡大しました。日本の宅配便業界の最大手であるヤマト運輸の配送事業規模が約1・1兆円であることを考えると、アマゾンがいかに巨額を宅配会社へ支払っているのか、その規模の大きさがわかるのではないでしょうか。ヤマト運輸の宅急便など配達に関わる売上を超える配送料をアマゾン1社で支払っているのです。

アマゾンは大手宅配事業者の値上げにより「利益が出ない＝自社で利益をコントロールできない」ことに気づき、配送費比率が上がり始めたことをきっかけにして、ラストワンマイルの戦略を切り替えることになるのです。

アマゾンが秘密にする物流センター

米国サンフランシスコ、バークレーには、現時点（2016年8月時点）でアマゾンがまだ公には存在を表に出していない秘密のフルフィルメント（物流）センターがあります。

2016年2月下旬に私が訪れた際、看板にはガムテープが貼られていましたが、裏にはしっかりと「Amazon」の文字が書かれていました。これはアマゾンがその存在を秘密にしているからにほかならないでしょう。

私がこの物流センターに注目した理由は、その立地にあります。アマゾンは現在、物流センターを「消費者立地型」（対極は「生産立地型」。これらは筆者による造語）にシフトしています。消費者立地型とは、物流センターをできるだけ消費者の多い場所の近くに立地させることです。通常、アマゾンの物流センターは消費者が多く集積する大都市と数百キロメートル以上離れていますが、消費者立地型の物流センターの場合、その立地は大都市から100キロメートル以内と距離が大きく縮まります。

消費者立地型のように、より消費者に近い場所にストックポイントとなる物流センター

写真3　アマゾンのフルフィルメントセンター看板

を設置することにより、2つの利点が得られます。1つは宅配会社に支払う配送費を抑えることができます。もう1つは顧客へ商品を届ける配送のスピードをより上げることができます。

物流の専門用語に「リンク」と「ノード」というものがあります。リンクはつながり、つまりトラックなどでの配送です。ノードは結び目、つまり物流拠点のことを指します。アマゾンが消費者立地型の物流センターを作った理由は、リンク（配送）のコストが上がってきたので、ノード（物流拠点）に多少お金をかけても、リンクの長さ（配送距離）を短くしたほうが得策だと考えるのは当然でしょう。

例えば、今までは顧客が注文した商品が近くの物流センターにない場合、ほかの物流センターから取り寄せて配送する必要がありました。でもストックポイントとなるノードを消費者に近い場所に多く設置すれば、リンクを経由するムダがなくなります。消費者立地型の物流センターの設置には大きな投資が必要となりますが、それだけ物流を効率化でき、顧客の利便性も増します。

アマゾンが消費者立地型へシフトを始めたのは2011年頃からです。しかしながら、まさに消費エリア内で稼働する物流センターは、今回のバークレーが初めてとなります。その意味で、バークレーの物流センターはアマゾンの物流戦略を占う上で、大変に重要なマイルストーンになるでしょう。

新たに稼働するバークレーの物流センターが、自前配送の強化に使われることは間違いありません。また、アマゾンはバークレーの物流センターだけでなく、南サンフランシスコなどのベイエリアに複数の配送デポ（小型の物流センター）を稼働させています。これもアマゾンは公にしてはいません。近年になり、アマゾンは確実に消費エリア内で物流センターと配送デポを稼働させる消費者立地型に移行しているのです。

アマゾンのラストワンマイル戦略

アマゾンが消費者立地型の物流センターを開設し始めただけでなく、UPS以外の宅配方法の模索を始めたのも2011年頃からです。

私は、全米の累計10か所以上のさまざまなネット通販の物流センターを視察してきました。私の肌感覚になりますが、おおよそ9割以上の荷物は最大手UPSによる出荷でした。ネット通販向けのB2Cホームデリバリー、すなわち宅配のほとんどのシェアをUPSが占めているのです。

しかし、驚くことに2013年のアマゾンの6億8000万個の米国出荷のうち、UPSを使った出荷はわずか30%ほどにすぎません。一番高いシェアだったのはUSPS(United States Postal Service：米国郵便）の35%でした。日本では日本郵便にあたる公共性の高い組織ですが、労働組合が強く、サービスが悪いと評判がよくありません。ほかは地域配送会社が18%、フェデックスが17%でした（Sanford C. Bernstein & Co. 調べ）。

USPSのような評判の悪い配送会社を使っていて、アマゾンは大丈夫だろうかと少し心配していましたが、そこはアマゾン。PDCA（Plan-Do-Check-Act）サイクルを回すことで継続的に配送品質を改善しているようです。例えば、米国ではUPSやフェデックスでしか実現していなかった日祝配送を、アマゾンがUSPSで実施すると2013年に発表したときには、全米のネット通販事業者が驚きました。

なぜアマゾンにはそれができたのか。実はUSPSにとって負担になる仕分け作業をアマゾンが肩代わりしているのです。仕分けされた物を配送するところだけをUSPSに任せることにより、日祝配送を実現したのです。そういった事情もあり、USPSはアマゾン以外のEC事業者が日祝配送を依頼しても、受けてはくれません。自然とそこには参入障壁が出来上がるのです。これも、アマゾンのロジスティクスがいかに強い武器になっているかを示すエピソードでしょう。

また、地域配送会社のシェアも18%ありますが、これはアマゾンが消費者立地型の物流センターを持つようになったから可能になったことです。私はアマゾンが当日配送用に使っている地域配送会社数社をリサーチに訪れましたが、アマゾンは自らその会社の拠点にトレーラーで荷物を持ってくるといいます。リードタイムから逆算すると、アマゾンの物流センターがよほど近くになくては、そこからの当日配送は不可能です。

このように、米国アマゾンはラストワンマイルを制するために消費者立地型の物流センターを開設することでUPSへの依存を回避し、宅配会社同士の競争を生み、容易に宅配料金を上げられないように手を打っているのです。

広がるアマゾンの自前配送

さらにアマゾンは自前配送を広げているようです。それは、トレーラーを数千台購入したとされる報道や、貨物飛行機（ボーイング767F）を約20機リースしたという報道からもうかがい知れます。物流センターの拠点と拠点を結ぶ輸送を、自前のトレーラーや貨物飛行機で行うことで、配送ネットワークを自社でコントロールしようとしているのです。

そう考えていくと、序章で登場した「アマゾン・プライム・エア」が単なる実験ではないことが見えてくるのではないでしょうか。アマゾンは宅配会社に依存する状況からの脱却を目指して、ドローン配送を試みているのです。

さらにユニークなものとして、一般の人に自分の車を持ち込んでもらって配送をしてもらう実験や、自動車会社のアウディと組んで、車のトランクに届ける試みも始めています。クラウドソーシングで配送員を一般の人から調達するモデルはすでにありますが、アマゾンのチャレンジはそのはるか先を行っているようです。

このような先進的な施策は、ただパフォーマンスとしてやっているわけではありません。アマゾンは物流ネットワークを自社のコントロール下に置き、機械化を加速することでロジスティクスのさらなる効率化を本気で目指しています。

今は1・3兆円の配送費を支払うアマゾンが、いつかはUPSのように宅配ネットワークを持つようになるのではないか、という議論が米国で巻き起こりました。小売企業で世界一であったウォルマートの時価総額をアマゾンが超えたように、200以上の国・地域で展開し世界最大級のネットワークを持つ宅配企業のUPSをもアマゾンは飲み込む、という話が真実味を帯びてきたのです。

米国のシリコンバレーでは、既存産業を壊滅させるという意味の「ディスラプション(Disruption)」という言葉が流行っていますが、アマゾンが既存小売業界や既存宅配業界を壊滅させるのではないかという話も真剣に語られています。

自走式ロボットを取り込む

物流センター内の仕組みも進化しています。アマゾンは2012年に物流センター向けのシステム開発を手掛ける「キバ・システムズ（現アマゾン・ロボティックス）」を7億7500万ドル（約650億円）で買収しました。

キバは物流センター内で使われる自走式ロボットの開発を得意としている会社です。アイロボット社の掃除ロボット「ルンバ」を大きくしたような形をしたロボットです。人間が倉庫の中でピッキングする商品のある棚まで歩いて行く代わりに、商品を載せた棚そのものをロボットを使って人間のいる場所まで運びます。ピッキングしなければならない商品の場所はレーザー光線によって示され、人間はその商品を取ってバーコードをスキャンし、商品が間違えていないかをチェックした上で箱詰めする仕組みです。

こうした自走式ロボットを使った仕組みは、ベルトコンベアーを使った自動化システムが設置までに12〜18か月と時間がかかるのに対して、数週間で設置することができ、商品の売れ行きに応じて棚の配置を臨機応変に変えられるなど柔軟性が高く、さらなる作業効率の向上を目指すことができるというわけです。人間ではなくロボットですので、物流センター内全体に照明や冷暖房をつける必要がなく、光熱費も節約できます。

二〇一四年に公開された資料によれば、すでにキバのロボットは10か所の物流センターに3万台以上が配備されています。ある調査会社の試算によれば、キバのロボットを1万台配備することで、時給14ドルのスタッフ2万5000人分に相当するそうです。物流センターの運営費を約20％下げたというレポートもあります（ドイツ銀行調査より）。機械化により人件費を削減することで、物流コストを削減したいアマゾンの思惑に合致しています。

キバの創業者で最高経営責任者（CEO）のミック・マウンツは、実は先ほど紹介した「ネットバブル最大の経営破綻」と言われるオンラインスーパーのウェブバンで物流担当をしていました。ウェブバンが倒産した後に、「もっと良いやり方がぜったいあるはずだ」と、マウンツは物流分野に商機を感じ、「個々の商品が作業者のところまで歩いて来てくれれば一番いい。そのためには棚とモーターを分離し、その実現には移動ロボットが使えるという考えに至った」と言います（ウォールストリートジャーナル日本版「米アマゾンの600億円の買い物から垣間見る未来の物流倉庫」より）。

ウェブバンの壮大な失敗がもたらした自走式ロボットによるピッキングの自動化という

成果を、アマゾンが買収により自社に取り入れたと言えるでしょう。

ここまで、第一章の前半ではアマゾンがなぜ書店から始まったのかという着眼点をきっかけに、ネット通販がどのように急成長を遂げたのかについて、物流の見地から概略を説明しました。またモール型ネット通販を展開する楽天が苦境に立たされている理由をロジスティクスの側面から解説し、カクヤスやオフィスグリコ、アスクルといったユニークな物流戦略を持つ企業から、ストックポイントやラストワンマイルといった現在のロジスティクスを代表するキーワードを紹介しました。

後半では、宅配会社や運送会社の競争が限界を迎えている状況について解説し、宅配会社の配送料値上げをきっかけとして、ネット通販会社に転機が訪れようとしている現在を米国アマゾンの最新レポートから考えました。

次章ではいよいよ、ロジスティクスを武器にビジネスの世界を変えつつあるアマゾンがどのような存在なのか、米国の流通事情を交えながら読み解いていきたいと思います。

第二章　巨人アマゾンの正体

——ウォルマートvsアマゾンの仁義なき戦い

ウォルマートvsアマゾンの幕開け

「『ウェブにおけるウォルマート』があるとすれば、それは、ウォルマート・ドットコム(Walmart.com)だ。我々のゴールは、品揃え、ビジター数ともに世界最大のウェブサイトになること」(cleveland.com "Walmart.com CEO Raul Vazquez says he aims to dominate Web retailing" http://www.cleveland.com/business/index.ssf/2009/12/walmartcom_ceo_raul_vazquez_sa.html)

ウォルマート・ドットコムCEO、ラウル・バスケスの言葉です。世界最大の小売企業であるウォルマート・ストアーズ(以後、ウォルマート)がネット通販の巨人アマゾンを本気で意識するようになったのは2009年10月のことでした。ウォルマートは、日本をはじめ米国以外のアフリカ、中南米、中国、インドなど28か国に1万1534店舗を展開しており、世界一の売上規模を誇る一大チェーンストアであり、ウォルマート・ドットコムはそのネット通販部門です。

事の発端となったのは価格競争でした。米国では通常の小売価格が30ドルするハードカバーのスティーブン・キングなど人気作家の新刊10冊をわずか10ドルという破格で予約販売することをウォルマートが発表、それに対しアマゾンが間髪を入れずに値下げで対抗し、両社の値下げ競争が始まりました。結局、ウォルマートが出した8・98ドルという価格に落ち着きましたが、その後も12月末のクリスマス商戦まで両社の競り合いは続き、DVD、ゲーム機、スマートフォン、玩具など、書籍以外の商品カテゴリーにも波及しました。

世界一の売上高を誇るウォルマートがなぜアマゾンを意識せざるを得ないのか。それは「低価格なネット通販といえばアマゾン」という刷り込みが達成されつつあったからです。「圧倒的な低価格」で世界一の小売企業へと上り詰めたウォルマートにとって、それは許されないことだったのでしょう。実際に、調査会社のカンター（Kantar）が調べたところ、ウォルマートとウォルマート・ドットコムはアマゾンより安い価格で商品を提供していました。それにもかかわらず、アマゾンには安いというイメージがついていたのです。

時価総額で世界一になったアマゾン

ウォルマートの悪い予感は的中します。米国の株式市場でアマゾンがウォルマートの時価総額を抜き、小売企業として世界最大となったのは2015年7月のことでした。

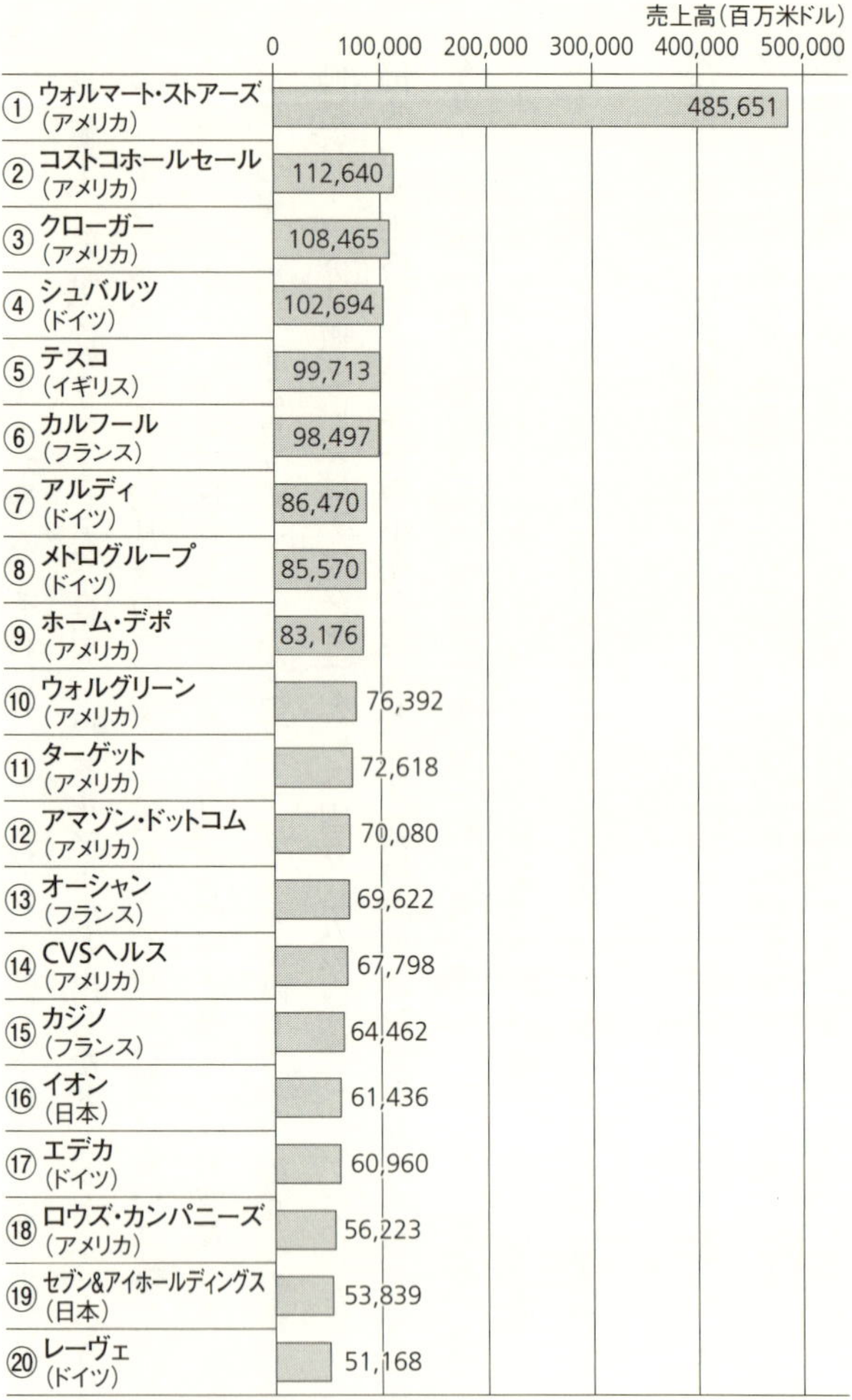
売上高(百万米ドル)
0
100,000
200,000
300,000
400,000
500,000
①ウォルマート・ストアーズ(アメリカ)
485,651
②コストコホールセール(アメリカ)
112,640
③クローガー(アメリカ)
108,465
④シュバルツ(ドイツ)
102,694
⑤テスコ(イギリス)
99,713
⑥カルフール(フランス)
98,497
⑦アルディ(ドイツ)
86,470
⑧メトログループ(ドイツ)
85,570
⑨ホーム・デポ(アメリカ)
83,176
⑩ウォルグリーン(アメリカ)
76,392
⑪ターゲット(アメリカ)
72,618
⑫アマゾン・ドットコム(アメリカ)
70,080
⑬オーシャン(フランス)
69,622
⑭CVSヘルス(アメリカ)
67,798
⑮カジノ(フランス)
64,462
⑯イオン(日本)
61,436
⑰エデカ(ドイツ)
60,960
⑱ロウズ・カンパニーズ(アメリカ)
56,223
⑲セブン&アイホールディングス(日本)
53,839
⑳レーヴェ(ドイツ)
51,168

図9　2016年世界の小売業ベスト20

(出典:デトロイト「世界の小売業ランキング」)

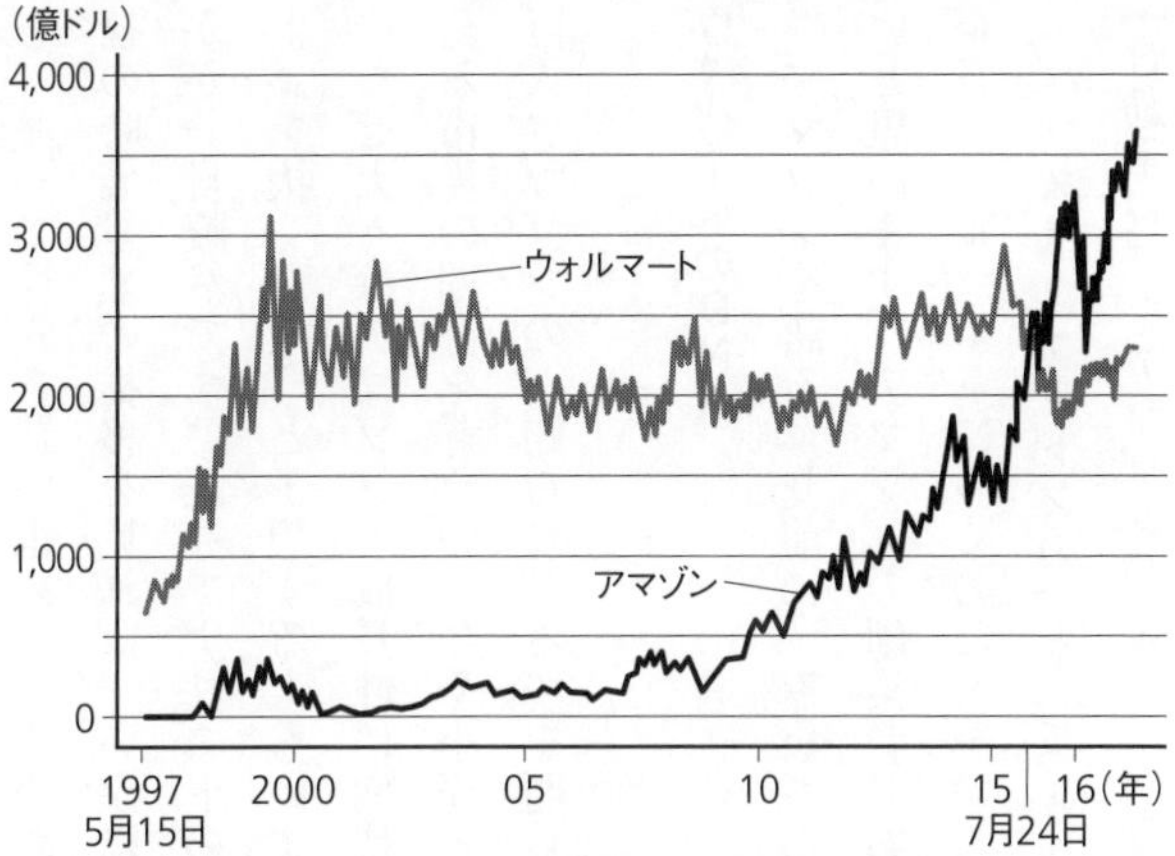

図10　アマゾンとウォルマートの時価総額推移（IR資料を基に著者作成）

売上高でアマゾンがウォルマートを抜いたわけではありません。世界の小売業ランキング2016によれば、ウォルマートは売上高4856億ドルと、2位のコストコホールセールの1126億ドルに約4・3倍もの大差をつけてのナンバーワンです。1962年に第1号店をオープンしたウォルマートストアが、世界最大の小売業へと上り詰めたのです。一方で、アマゾンはいまだ12位であり、700億ドルとウォルマートの約7分の1にすぎません。

では、アマゾンがウォルマートの時価総額を抜いたことが意味するのは何でしょうか。

要するに、市場はアマゾンの成長性に期待

し、競って株式を買い求めているために株価が上がり続けているのです。図10に示した両社の時価総額の推移を見れば、いかにアマゾンが市場の期待を受けて急成長を続けてきたかが一目瞭然です。証券アナリストの中には、2024年にアマゾンがウォルマートの売上高を抜くだろうと予想する人もいます。

なぜ人々はアマゾンの成長性に期待を膨らませるのでしょうか。本章では、過剰ともいえる市場の期待を背負い、今や小売企業として世界最大の時価総額となったネット通販の巨人アマゾンの、知られざる姿を明らかにしていきたいと思います。

ウォルマートのDNA

アマゾンを語るより前に、みなさんには、まずウォルマートについて知っていただきたいと思います。アマゾンの創業者であるジェフ・ベゾスは、世界最大の売上高を誇る小売企業ウォルマートに多くのことを学んできたからです。

「ベゾスはウォルトンの本をじっくりと読み込み、ウォルマート創業者が唱える倹約と『行動重視』をアマゾンの文化に取り込んでいた」（前掲『ジェフ・ベゾス 果てなき野望――

写真4　ウォルマートの店舗

アマゾンを創った無敵の奇才経営者』）とありますが、実際にアマゾンがウォルマート幹部の優秀な人材を引き抜いてきたことは周知の事実です。

例えば、1997年と創業から間もない初期にウォルマートの元物流担当バイスプレジデント（副社長）、ジミー・ライトをベゾスは迎え入れました。ライトはアマゾン入社後にCLO（Chief Logistics Officer：最高ロジスティクス管理責任者）兼ロジスティクス担当バイスプレジデントにまで昇格し、初期のアマゾンの物流戦略を支えました。彼の功績は大きく、アマゾンは当時米国内で最大となった物流センター（7万4000平方メートル）をジョージア州マクドノーに開設することができました。その後も次々とウォルマート幹部を引き抜き、アマゾンの物流戦略に大きな影響を与えました。アマゾンには世界一の販売力を誇るウォルマートのDNAが組み込まれているのです。

アマゾンの謎を解き明かすため、最初にウォルマートの特徴を捉えましょう。

ウォルマートといえば、世界で最も物流戦略に長けた世界最大の小売企業だといわれます。その成長の秘訣は「EDLP《イーディーエルピー》(Everyday Low Price)」というキーワードで言い表すことができます。EDLPとは何でしょうか。そのまま直訳すれば「毎日低価格」であり、言い換えれば「毎日がお買い得」ということです。日本のスーパーマーケットやディスカウントストアでは、新聞の折り込みチラシを見て、主婦が特売に走るという習慣が長く続いてきており、EDLPに馴染みがない人も多いと思います。日本の小売企業のように特売により価格を変動させて集客を図る手法は、EDLPに対して「HILO《エイチアイエルオー》(High-Low Price)」と呼ばれます。

「EDLP=安売り」ではない

チラシなどの販促にかける原資を削り、低価格を実現するための原資に回す。これがEDLPだ、と公言するコンサルタントの方が時々いらっしゃいますが、それでは戦略としてのEDLPへの理解が浅いと思います。EDLPは言葉通りの意味だけではなく、その決定的な戦略によりウォルマートという企業そのものが形作られていることに注目すべきです。

最も顕著にウォルマートの経営手法がうかがい知れるのは、ロジスティクスに基づく出店戦略でしょう。

日本の企業が物流拠点を作るという場合、まず営業先、販売先を開拓し、現状の物流拠点ではコストや納品スピードで不備が出てきて初めて、新たな拠点を考える、というのが一般的です。一方のウォルマートはその逆で、まず先に物流拠点を作ってから店舗展開を始めています。

なぜウォルマートは物流拠点を先に作るのでしょうか。私は、ウォルマートの創業者サム・ウォルトンが元軍人であるという出自が大きく影響しているのではないかと考えています。軍隊が戦うためには、兵器や弾薬など物資を最前線に供給する活動が不可欠です。

これらの活動は序章で触れた通り「兵站」と呼びますが、英語では「Military Logistics」です。つまり、戦地ではロジスティクスの巧拙《こうせつ》が勝敗を分かつのです。

例を挙げましょう。１９９０年8月にイラクがクウェートに侵攻したのを機に、国際連合が多国籍軍の派遣を決定して湾岸戦争が始まりました。この湾岸戦争では、実は多国籍軍を派遣することが決定されてから、最初の空爆をするまでに、かなりの時間を要していました。なぜなら、船舶を手配し、戦闘の最前線へ弾薬や食料を運び、十分に備蓄されるまで、攻撃を待ったからです。つまり、まずロジスティクスを整えてから、勝負を挑みました。戦時において、途中で弾薬や食料が尽きてしまったら、そこで負けです。ウォルマートの店舗も売る商品が尽きてしまえば、売上は上がりません。サム・ウォルトンはロジスティクスの重要性をよく知っていたのではないでしょうか。

ドミナント戦略

ウォルマートの出店戦略は、この考え方に沿ったものです。どのような出店をするかをあらかじめ想定し、物流の拠点である物流センターを作ります。ウォルマートの１つの物流センターがカバーするエリアは、半径200マイル圏といわれています。200マイルというと、単純換算で約320キロメートルです。例えば、日本の東京に置き換えて考えると、東京を中心に北は仙台、西は三重県の津、北陸の金沢、福井あたりまでを1つの物流センターがカバーするということになります。まず物流拠点を構えてから、そこを起点にして200マイルの範囲内に90〜100店舗を出店するというのがウォルマートの出店戦略です。言い換えれば、物流拠点を中心に、その特定地域内に集中して店舗展開を行うドミナント（優位に立つこと）戦略をとっているのです。

EDLPにとって、ある地域にドミナントを確立するのは重要です。第一章で確認した通り、物流の世界では配送密度が上がれば上がるほど、ムダが少なくなります。東京からトラックを1台走らせて、仙台の1つだけの店舗に商品を届けるよりも、ついでに複数の店舗に届けたほうが効率がいいのです。

ウォルマートには現在7000人以上のドライバーがいるといわれていますが、私はウォルマートの商品を運んでいたというトラックのドライバーから話を聞いたことがあります。彼が言うには、ウォルマートの仕事は「いったんトラックに乗ってしまうと、ずっと運転のしっぱなしになる」そうです。それだけ輸送効率が計算されたルートを走っているということでしょう。店舗間が離れており、日本の約25倍もの国土面積を持つ米国ならではの話なのでしょうが、店舗への配送ひとつとってみてもスケールが違いますし、そもそも物流に対する考え方の次元が違うことを痛感しました。

セールはなぜ非効率なのか?

実はこのドミナント戦略こそ「ＥＤＬＰ＝毎日低価格」を実現するキーです。他社を圧倒するディスカウント価格で利益を出すには、日本の小売企業のように「ＨＩＬＯ＝特売価格」で集客して店舗運営するのは非効率なのです。

ＥＤＬＰでは、一定期間のセールなどで価格が上下することがない分、顧客の需要も一定して予測することができ、物流センターの稼働率も安定します。一方で、ＨＩＬＯはセール期間中にだけ予測不能な需要が立ち上がります。物流センターにもいわゆる繁忙期が生じることで、稼働率が逼迫《ひっぱく》し、臨時のパートタイム労働者を雇用する必要が出てきます。これは入庫確認、保管、ピッキング、梱包、出荷、棚卸、返品といった一連の作業を行う物流センターだけの問題ではありません。メーカーから物流センターへ、あるいは物流センターから店舗へと商品を運ぶトラックも、同じように需要の上下に大きな影響を受けるのです。

小売業において商品が売れることはもちろんいいことですが、あまりに売れすぎた場合は供給が追いつかなくなり、あちこちで問題が起きます。つまり、需要が予測できれば小売業が仕入れる個数も決まり、流通の上流に位置するメーカーも商品をどれぐらいの個数作ればいいかを判断することができ、工場の稼働も安定します。ところが、予想できない需要が生じると、小売業の流通センターも、メーカーの工場も、さらには物流業のトラックも、すべてが逼迫してきます。これらの対応はデジタル世界のようにすべてを瞬時にできるわけではありません。人が足りなければ雇用し、原料が足りなければ調達することが必要になってくるのです。

また、顧客の急激な需要増加が商品を生産するメーカーに伝わるまでに時間がかかり、タイムラグが生じることで需要予測の間違いが起こる可能性も生まれます。最近の話ですが、赤城乳業の看板商品「ガリガリ君」で「ナポリタン味」を発売した当初、ほのかに香るピーマンの風味やアイスとしては珍しいケチャップ味に消費者が飛びつき、ネットを中心に大きな話題となって販売の初速はとてもよかったそうです。ところがその話題が続かず、ナポリタン味は320万本以上売れ残り、約3億円もの大赤字を出したそうです。需要予測の難しさを象徴するようなエピソードだと思います。

ウォルマートの情報システム

このように、流通業において最終顧客の需要が変動することにより、その上流に位置する工場や物流センターほど大きな影響を受けることを、経営学の世界では「ブルウィップ効果（Bullwhip Effect：鞭《むち》効果）」と呼びます。その名の通り、需要のぶれが鞭のように流通の上流へさかのぼり、大きな影響を与える様を表しています（図11）。

ＥＤＬＰは、顧客に対して継続的な最低価格を保証することで、集客を効果的にするだけではなく、このブルウィップ効果の影響を最小限に抑える優れた戦略です。ウォルマートはＥＤＬＰによりドミナント戦略で配送密度を高めた上で、物流システムを安定して効率的に運用することができるのです。

さらなる効率的な物流システムを構築するため、ウォルマートはこれに加えて小売業界ではどこよりも先に、最先端の情報システムを導入しました。驚くべきことに、その構築を他社に任せることはせず、ほとんどを自社で行っているといわれています。

ウォルマートの情報システムは、ＰＯＳ（Point of Sale：販売時点情報管理）レジのように、顧客が商品を買った情報を単なるマーケティングの材料とするだけではありません。ロジスティクスにおける情報システムです。例えば、取引先であるメーカーから商品が物流センターに入庫されたとしましょう。そのときに、それらの商品がどのような納品形態なのか、物流センター内のカートにどう載せるのか、どう保管するのか、また店舗に商品を並べたときに棚に何個入るのかまでを、ウォルマートの情報システムはすべての商品ごとに把握しています。

さらに店舗からの発注は「自動発注システム」により行

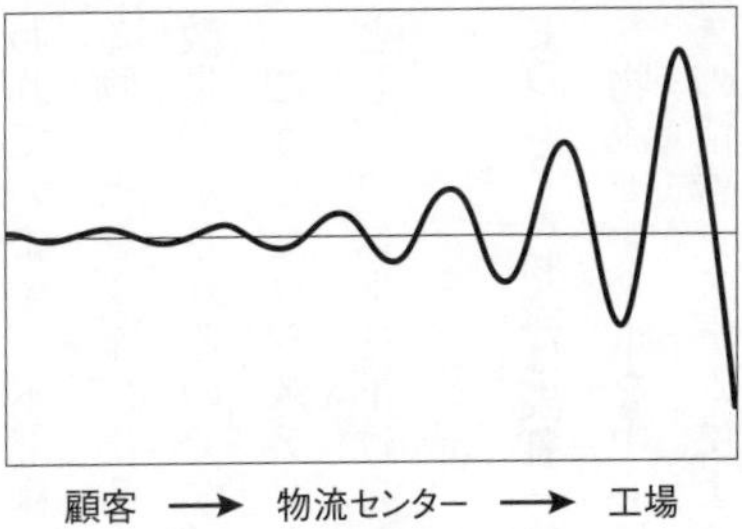

図11　ブルウィップ効果のイメージ

われています。本部側が過去の発注履歴や販売実績の情報を蓄積し、店舗に商品を供給する物流センターにある在庫数などを基に、それぞれの店舗に本部からその店が発注すべき数量が示されるのです。

こうしたロジスティクスの高度な情報システムが物流の効率的な運用を実現可能なものとし、コストを下げられることで、ＥＤＬＰを支えているのです。

EDLPと物流は表裏一体

物流センターを中心にドミナント出店することで配送密度を上げ、高度なロジスティクスの情報システムによりさらに物流のコストを削減し、さらなる恒常的な低価格を提供することで顧客を増やしていく。正のスパイラルによる相乗効果こそがＥＤＬＰの真骨頂です。ウォルマートが売れば売るほど、その大きな販売力を武器にバイイング・パワーを強め、メーカーなど取引先から安く仕入れることができるようになる。すると、さらなる低価格で顧客に商品を届けられるようになり、さらに顧客を増やしていくのです。

恒常的な低価格を武器とし、日本版ウォルマートと呼ばれるスーパーマーケットに

「オーケーストア」がありますが、同社はウォルマートのＥＤＬＰを取り入れて近年急成長を遂げています。２０００年に27店舗で６４３億円だった売上高は、２０１６年には89店舗で３０６７億円にまで急拡大しています。２０１６年時点で、東京・埼玉・千葉・神奈川という関東圏と宮城にドミナント出店をしており、出店戦略もウォルマートにそっくりです。日本でもセールを行わないＥＤＬＰが徐々に浸透しつつあるようです。

一方、本家のウォルマートは、日本では２００２年にスーパーマーケットチェーンの西友と業務・資本提携をすることで、そのノウハウや情報システムを活用し、展開しています。２００５年にはさらなる増資により子会社として傘下に入れることで、古参スーパーだった西友の構造を改革し、当時の流行語だった「ＫＹ《ケーワイ》（空気読めない）」にＥＤＬＰのコンセプトをかけて「ＫＹ（カカクヤスイ）」という独自のキャッチフレーズを作り値下げして、ウォルマート化を進めました。非上場企業となったため業績を開示しておりませんが、競争が激しいスーパーマーケット業界の中でねばり強く健闘しており、２００９年から前年同期比でプラスに転じて増収増益を続けています。

アマゾンのEDLP戦略

ウォルマートのEDLP戦略を忠実に踏襲《とうしゅう》しながら、成長を加速させているのがアマゾンです。EDLPを実現するために、米国のアマゾンが20年かけて磨き上げてきたのがロジスティクスです。その歴史を振り返ってみましょう。

アマゾンが株式上場を果たしたのは1997年5月です。その直後の1997年11月、デラウェア州ニューキャッスルに物流センター(1万9000平方メートル)を設立すると同時に、シアトルにある物流センターを1・7倍(もともとは4600平方メートル)に拡張すると発表しました。その目的は、注文の95%を当日出荷にすることです。また新拠点のある米国東海岸には出版社が多く点在しており、この物流センターの在庫を20万アイテムに増やす計画でした。

この計画を先導したのが、前述のウォルマートの元物流担当バイスプレジデント(副社長)、ジミー・ライトです。彼をアマゾンが引き抜いたことをきっかけに、取引機密や流通などの情報を意図的に盗んだとしてウォルマートがアマゾンを提訴するなど、争いが本格化しました。残念ながらジミー・ライト自身は約1年でアマゾンを去ることになるのですが、彼が初期のアマゾンのロジスティクスを引っ張ったのは明らかでしょう。本章の冒頭で触れた通り、彼がいたことでアマゾンは、5つ目で当時最大規模の物流センター（74000平方メートル）をジョージア州マクドノーに開設することができました。

ウォルマート出身のジミー・ライトが果たした重要な役割は、アマゾンの物流センターが本以外の商品を扱えるようにしたことです。ジェフ・ベゾスはジミー・ライトをスカウトするときに「どんなものでも取り扱えるようにしてください」とお願いしたといいます。アマゾンには米国での創業当時から「地球上で最も豊富な品揃え」と「地球上で最もお客様を大切にする企業であること」という2つの企業理念がありますが、その前者の理念を追求したのです。

磨かれるロジスティクス

ジミー・ライトが去った後にアマゾンの物流システムを引っ張ったのが、大手メーカーのアライドシグナル（現ハネウェル）出身のジェフ・ウィルケです。彼が率いたチームがやったことは、物流の徹底的な効率化でした。品揃えの後は、低価格を実現するためにさまざまな工夫をこらしていくのです。

例えば、ある商品がアマゾンの物流ネットワークのどこにあり、いつ在庫するのがいいのか、また顧客が注文した複数の商品をどう組み合わせて梱包すればいいのかなど、物流の課題に対して最も効率がいい回答が得られる数学的なアルゴリズムを開発します。彼は、顧客からの注文をピッキングし、梱包する作業を次のように言い表しています。

「顧客の注文通りに組み立てていると言ったほうがいいでしょう。作業内容は小売業より製造・組立の現場にずっと似ているのです」（前掲『ジェフ・ベゾス 果てなき野望――アマゾンを創った無敵の奇才経営者』）

このジェフ・ウィルケの言葉は、ネット通販の物流センターにおけるピッキングと梱包の作業が、いかに従来のものとは違っているかを言い表しています。このように商品の管理やピッキング、梱包や配送などを一括でフルフィルメント（遂行）するところから、アマゾンは自社の物流センターを「フルフィルメントセンター（Fulfillment Center）」と呼ぶようにしました。

その後もアマゾンは物流拠点を次々と開設し、物流システムを磨き上げていきます。新しいシステムでは、顧客が4、5種類など複数の商品を注文すると、顧客の住所、注文の商品を在庫している物流センターの位置、発送時刻などをソフトウェアが確認して、すべての変数を考慮した上で「最も速く」「最も安い」方法を算出できるようにしました。

さらなるディスカウントへ

アマゾンは、こうして優れたロジスティクスを構築することにより削減された物流コストを、マーケティングにではなく物流へのさらなる投資と、商品の価格削減のための施策につぎ込みました。ウォルマートに学んだEDLPの実践です。

例えば、「配送料無料」を始めたのも、マーケティングにお金をかけるよりも顧客に還元するほうがいいとアマゾンが考えた結果です。2000年と2001年のホリデーシーズンに、100ドル以上購入すれば配送料を無料にするキャンペーンを行い、そこで大きな成果を上げたことをきっかけに、恒常的な仕組みとして取り入れられていきます。無料配送の対象となる購入額の下限は当初99ドルでしたが、49ドル、25ドルへと下げられていきました。

さらに象徴的なのが「自動値付けボット」です。このプログラムを生み出したのは、ウォルマートとコンサルタント契約を結んでいたことがあるカル・ラーマンです。彼はまず、ウォルマート時代の経験を活かしてデータを中心としたシステム構築に取り組みました。また季節変動や過去の購買行動などのさまざまな変数を使って、アマゾンのバイヤーが発注できるようにシステムを改良しました。

その中でカル・ラーマンが手をつけたのが「自動値付けボット」です。このプログラムはインターネット上に存在するライバル企業の商品価格を調べて、アマゾンの価格を自動的に調整するものです。ユーザーにとっては魅力的な仕組みであり、ネット通販が生み出したEDLPの進化系といえるのかもしれません。自動的にライバルより安い価格をつけていくという仕組みがある時点で、アマゾンがいかに「最も安い」ことに重きを置いているかがわかります。

価格を引き下げることで来客数が増え、売上が増える。すると固定費である物流システムの稼働率も上がり有効活用することができ、さらに低価格にできる。増えた利益で物流センターを作り、さらに品揃えを充実させることで来客数を伸ばし、売上をアップさせる。この繰り返しでアマゾンは規模を拡大していくことになるのです。

会費制アマゾン・プライムの誕生

マーケティング費用を顧客に還元する仕組みとして始まった配送料無料サービスは、その後にアマゾンにとって重要な仕組みを生みました。「アマゾン・プライム」です。アマゾン・プライムは、無料配送の実験を重ねる中で、価格よりも時間に敏感な人を対象とした「スピード配送クラブ」があってもいいのではないか、というアマゾン社内のアイデアから生まれました。

宅配便は翌日着がスタンダードとなっている日本では考えにくいことですが、米国のアマゾンの通常配送は、注文から3~5営業日以内というのが標準です。現在では購入の合計金額35ドル以上で配送料が無料になります。

それに対して、注文回数無制限で2営業日以内（注文の翌々日）の配送料が無料になるというサービスが「アマゾン・プライム」です。現在では、配送無料やスピード配送など物流のサービスに加えて、映画やテレビ番組を無料で無制限に見ることができる「プライム・インスタント・ビデオ」や、数百万曲の音楽を無料で聞くことができる「プライム・ミュージック」を楽しむことができるなど、さまざまなサービスが得られる会員制ビジネスへと発展しています。アマゾン・プライムの立ち上げ当初は年会費79ドルでしたが、顧客ニーズをしっかりつかまえたという感触を得たことから、2013年に現在の99ドルに値上げしました。

驚くべきマーケットプレイスの戦略

アマゾンが成長するためのドライバー（駆動力）となっているのが「品揃え」と「低価格（EDLP）」です。アマゾンは、この2つを実現するためには何でもやる会社です。その印象を決定づけたのが、2000年に導入された「マーケットプレイス」と呼ばれる仕組みです。別名「サード・パーティー・セラー（第三の販売者）」といいます。

これは本でいえば、規模の大小を問わずアマゾン以外の書店がアマゾンに出品し、アマゾンと並んで本を売れるような仕組みです。アマゾンが各書籍を販売するページにアマゾン以外の売り手の商品が並ぶという、従来の小売企業ではあり得ない驚くべき仕組みであり、新品だけでなく中古品も出品することができます。

例えば、サード・パーティーであるブックオフのような新古書店が出品する本が、アマゾンが販売する新刊本の横に並んでいます。その本をアマゾンから買うか、それ以外の売り手から買うかは顧客が選ぶという仕組みです。もしサード・パーティーの商品のほうが安かったり、もしくはアマゾンが在庫を切らしていたりして、サード・パーティーの商品を顧客が選んだ場合にはアマゾンは売上を失いますが、販売者から手数料を受け取る仕組みです。

創業者ジェフ・ベゾスの考えは、「アマゾンより安く売れるところがあれば自由に売ってもらい、顧客が満足すればそれでいい。価格競争でサード・パーティーに負けるならば、アマゾンが安く売れる方法を考えるべきだ。サード・パーティーがアマゾンにない豊富な品揃えを実現してくれる手助けをしてくれて、顧客がアマゾンを利用してくれればいい」というものでした。

こうした考えは理念としては正しく明快なものでしたが、当然のことながらあちこちに反発を生みました。例えば、米国の出版社協会や作家協会は、アマゾンは古本の販売を優先して新刊本の販売を妨げている、それにより著者の受け取る印税が減ってしまう、と反対の声をあげました。アマゾン社内にも大きな衝撃が走りました。自分たちの店内でライバルに客を奪われることになり、またアマゾンに商品を納めてくれている取引先からもクレームがあったといいます。

しかし、ジェフ・ベゾスは「地球上で最も豊富な品揃え」と「地球上で最もお客様を大切にする企業であること」というアマゾンの2つの企業理念から、マーケットプレイスの仕組みを堅持し、やがて浸透させたのです。

アマゾンに物流を委託

商品を販売する商品ページだけではありません。アマゾンは自社の物流センターを他社が利用できるようにしました。FBA（Fulfillment by Amazon：フルフィルメント・バイ・アマゾン）というサービスです。これはサード・パーティーのために、受注や決済だけではなく、物流ソリューションまでをアマゾンが肩代わりするサービスです。

マーケットプレイスに出品・出店しているサード・パーティーは、扱う商品をアマゾンの倉庫に納めます。顧客から注文を受け、決済し、出荷するのもアマゾンの作業員が行うのです。さらに、配送状況の問い合せにもアマゾンのカスタマーサービスが対応します。つまり、サード・パーティーは出荷からカスタマー対応まで、すべての物流機能をアマゾンにアウトソーシングすることができるのです。

サード・パーティーの出店者にとってのメリットは大きいものがあります。例えば、いつ商品が届くかなど出荷にまつわる顧客からの問い合わせのすべてをアマゾンに任せることができるので、その労力が減ります。また、アマゾンの物流センター（フルフィルメントセンター）は土日も稼働しているので、「週末に急ぎで欲しいけど、すぐに届かないから注文をやめよう」という顧客に対する機会ロスを減らすことができます。

実際に、ある調査によれば、このＦＢＡを採用することで売上が増加した店舗も多くあります。実績では、約８割の店舗で売上が増え、ＦＢＡのサービスを使う約３割が50％以上売上を伸ばしているそうです。

物流サービスを他社に開放する

なぜ売上が伸びるのでしょうか。ユーザーが慣れているアマゾンの商品ページであり、同等のサービスレベルを期待でき、安心して購入できるからでしょう。実際に、マーケットプレイスに出品しているサード・パーティーの商品をショッピングカートに入れて注文しようとしたが、その直前に、FBAでないと気づいて注文を中断してしまう、という例があるそうです。

また、FBAはプライム会員に優先的に速く届けるサービスが適用され、複数商品の注文の場合、アマゾンが販売している商品と出品者の商品を同梱して発送されます。

料金体系はユニークで、固定費はなく、商品サイズや保管日数に応じた「在庫保管手数料」や「配送代行手数料」などの変動費のみです。保管されている商品の体積で1日ごとに保管料が計算され、配送手数料は1商品あたりの金額をベースに、重量で加算されます。毎月決まった額を徴収されるのではないこうした仕組みは、委託する側の中小の通販会社やメーカーにとって資金を圧迫しないため大変ありがたいものです。

さらに、2009年から、FBAには「マルチチャネル」というオプションができました。これは楽天市場やヤフーショッピングで販売をしている商品でも、アマゾンのフルフィルメントセンターから発送できるサービスで、在庫の一元化ができるようになりました。ただ、サード・パーティーは自社の売れ筋をアマゾンに知られたくないという理由から、別の通販専門の物流会社へ委託する場合が多いのが現状です。

アマゾンは自社の物流システムを磨き上げた結果、ＦＢＡのように自社の物流システムのプラットフォームをサード・パーティーに使ってもらうことでも利益を上げられるようになり、さらには物流センターの稼働率を上げることで効率化を図れるようになったのです。

こうしたＦＢＡの仕組みは、今ではモール型ネット通販である楽天やヤフーとの明確な差別化になっています。中小のネット通販会社にとって物流機能をアウトソーシングできるメリットは大きく、利用価値の高いものになっているからです。こうした仕組みを真似しようと、楽天が楽天物流という子会社を作ったけれども計画通りにいかなかった経緯は、第一章で紹介した通りです。

アマゾン依存

マーケットプレイスの仕組みを使ってアマゾンに出店し、FBAで物流機能を委託すれば、アマゾンの販売力を活かして売上をグンと伸ばすことができる。サード・パーティーにとってアマゾンはいいことづくめです。最初は売上を伸ばす力強い味方になるのでいいでしょう。しかし、ビジネスでそんなに甘い話はありません。

たとえ今はサード・パーティーがアマゾンよりも低価格で商品を販売できていたとしても、いつアマゾンがより低価格をつけて販売してくるかわかりません。ロジスティクスを駆使して規模の経済を働かせ、アマゾンはより低価格で商品を提供してきます。

サード・パーティーがアマゾンにない商品を販売していたとしても同じです。アマゾンが取り扱っていない商品がサード・パーティーの売れ筋の商品になれば、アマゾンのバイヤーがその商品を買い付けて販売を始めるでしょう。「地球上で最もお客様を大切にする企業であること」を理念に掲げるアマゾンです。大切なお客様のために、きっとさらなる低価格で提供するでしょう。

最初は、売上がアップすると味をしめたサード・パーティーをうまく取り込む。アマゾンから撤退すれば売上が落ちることがわかっているため、やがてサード・パーティーはアマゾンへ依存するようになりやめられなくなる。サード・パーティーにとって便利な反面、大きな危険性を持つのがマーケットプレイスであり、FBAです。

2015年、アマゾンは「本の買取サービス」を始めました。本1冊からでも価格を確認し、買取の申込みができ、自宅まで無料で集荷に来てくれます。支払いはアマゾンのサイトで使えるギフト券（金券）ですが、紹介ページでは買取センターで24時間以内に査定・支払いをすると謳われています。このサービスは、明らかに今までアマゾンに出品してきた中古書店と競合するサービスです。ブックオフなどチェーン展開する新古書店ならばともかく、個人商店で営業する中古書店がロジスティクスと規模で上回るアマゾンと正面から戦って、勝てる見込みはほとんどありません。

本はあくまで一例です。私が知るネット通販会社でも、アマゾンで販売していた商品を、ある日突然、より低価格でアマゾンが売り始めた、という事態が起こりました。そのネット通販会社では価格を下げて対抗するしか方法がなく、大幅に利益を落としました。自動値付けボットを駆使するアマゾンです。やがて中小ネット通販会社が採算割れするところまで、容赦なく値下げを続けるでしょう。必ずしもすべてのケースに当てはまるわけではありませんが、アマゾンには便利さと同時に、こうした怖さが存在するのです。

ライバルを力でねじ伏せる

米国ではアマゾンの怖さを知らしめたエピソードがあります。「ダイアパーズ・ドットコム（Diapers.com）」（運営はクイッドシー）は、紙おむつや粉ミルク、ベビー服やベビーカーを扱うベビー用品のネット通販サイトでした。

紙おむつのように大きくかさばるのに単価の低い商品は、ネット通販には向いておらず、宅配をしても儲からないといわれていた時代です。ダイアパーズはうまく工夫しました。注文ごとになるべく小さな箱を選ぶシステムを作り、発送するときのサイズや重量をなるべく小さくすることで、コストを削減するロジスティクスを構築したのです。アマゾンでは商品の種類があまりに多く、箱の選定がうまくいっていなかった隙に、ダイアパーズは順調に売上を伸ばしていました。

そこに目をつけたのがアマゾンのジェフ・ベゾスです。２００９年、ダイアパーズに買収の提案をしました。しかし、ダイアパーズは独立企業として歩みたいと、アマゾンの傘下に入ることを拒否しました。

その直後、アマゾンは紙おむつなどベビー用品の価格を最大で30％下げました。アマゾンは自動値付けボットが照準を合わせたのでしょう。対抗のためにダイアパーズが価格を変えると、アマゾンの価格も変わりました。その後、アマゾンに赤字覚悟の価格競争を挑まれたダイアパーズは、成長の速度が鈍化しました。

２０１０年、アマゾンが新サービスを発表しました。新米のパパ・ママに向けた「アマゾン・マム（Amazon Mom）」です。会員になれば定期おトク便というサービスが利用でき、もともと値引きされている紙おむつなどの消耗品がさらに30％値引きされる特典がありました。紙おむつはパンパース１袋の値段がダイアパーズの45ドルに対して、アマゾンは39ドル、定期おトク便ならば30ドル以下になりました。ダイアパーズの試算によれば、紙おむつを売るだけでもアマゾンは３か月で１億ドル以上の赤字を出す計算になったといいます。

結果、同年にダイアパーズは身売りをすることになりました。そこでも小売業界の巨人ウォルマートとの綱引きがありましたが、最終的にダイアパーズはアマゾンに買収されました（以上の経緯はブラッド・ストーン著の前掲書に詳しく描かれています）。この経緯を聞く限り、まさに力でねじ伏せたという表現以外に思いつかない話です。

対抗意識から生まれた電子書籍サービス

アマゾンの電子書籍サービス「アマゾン・キンドル（Amazon Kindle）」も、他社に電子書籍をとられないようにするための対抗意識から生まれたものです。ライバルは意外にもスティーブ・ジョブズ率いるアップルでした。

２００１年に初めて発売されたデジタルオーディオプレーヤー「アイポッド（iPod）」は、次々と新しいモデルをデビューさせ、年を重ねるごとに販売台数を伸ばしました。アイポッドをパソコンにつなぎ、パソコンで楽曲を整理したり転送できるソフトウェア「アイチューンズ（iTunes）」を無料で提供し、ユーザーへの利便性を提供することで確実に受け入れられていったのです。

潮目が変わったのは２００３年です。アップルは楽曲を管理するアイチューンズを通じて、楽曲を1曲99セントからダウンロードして買える販売サービスを始めました。アイポッドの普及とともに楽曲販売が爆発的にヒットして、アップルは大手CDチェーン店を抜き音楽販売の世界トップになりました。書籍と並びCDの販売も収益の柱であった初期のアマゾンにとって、音楽販売におけるアップルの独走は、危機感を抱かせるのに十分な出来事だったのです。

音楽に続き映画など映像配信を始めると、いよいよアップルが電子書籍販売に参入するとも限らない差し迫った状況になります。アマゾンのジェフ・ベゾスは電子書籍サービスの開発を急ぎました。こうした経緯で誕生したのが電子書籍を販売し、電子書籍リーダー（専用端末）を中心に、パソコンやスマートフォン、タブレットでも電子書籍を読むことができるキンドルです。２００７年に第1世代の電子書籍リーダー「キンドル１」を世に送り出すと、アイポッドと同じように次々と新しいモデルを登場させて利用者を広げました。

アップルVSアマゾン

キンドルはアマゾンらしさがよく出ている電子書籍サービスだと思います。

例えば、初期に、米紙ニューヨークタイムズで紹介されるような通常25ドルするベストセラーの新刊書を、キンドルのデジタル版では9ドル99セントで販売し、安さで電子書籍を普及させたのは有名な話です。事前の相談なしに新刊を割り引きしたことから、大手出版社と激しい争いを繰り広げることになりました。赤字覚悟の低価格を武器に、シェアを広げるやり方はアマゾンのあらゆる分野で見られるものです。

その後、2010年にアップルがタブレット「アイパッド（iPad）」を発売すると、アップルと大手出版社がタッグを組んで巻き返しを図り訴訟沙汰になるなど、アップルとアマゾンの競争が再燃しました。裏付けとなる明確な数字はないものの、現在ではアマゾンのキンドルがかなりの電子書籍シェアを押さえていると見られています。

電子書籍リーダーのキンドルはとてもアマゾンらしい端末です。ワイヤレスで「1冊を60秒以内にダウンロードできる」というコンセプトですが、いかに早く電子書籍を届けるかが意識されている点は、ネット通販でも物流スピードを追求してきたアマゾンらしい特徴です。

またネット通販では送料にあたる通信料に関するサービスも非常にユニークです。電子書籍リーダーのキンドルには、ユーザーが自分で回線をつなげる「ワイファイ（Wi-Fi）モデル」のほかに、価格は少しだけ高く設定されているものの世界100か国以上で通信料が無料となる「3Gモデル」があります。3Gモデルのキンドルでは、ユーザーが通信料（送料）を意識することなく電子書籍を買えるように設計されているのです。アマゾンが負担する通信料は相当額に上るでしょうが、それよりも顧客にストレスなく買ってもらうことを優先している点が非常にアマゾンらしいといえるでしょう。

アマゾン初の実店舗

アマゾンの創業ビジネスである「本の販売」において、最近になり注目すべき動きがありました。ネット通販を主軸にビジネスを拡大してきたアマゾンが初めてリアル書店を作ったのです。

2015年11月、アマゾン創業の地でもある米国北西部の最大都市シアトルに「アマゾ

写真5　アマゾン・ブックスの店舗

ン・ブックス（Amazon Books）」をオープンしました。約1500平方メートルの店内に数千冊が所狭しと並ぶアマゾン・ブックスの特徴は、アマゾンのユーザーが高く評価した本を中心に並べられているところにあります。アマゾンのサイトでは、読者が本に対して感想（レビュー）を書くことができ、星1つから5つまでの5段階で評価することができます。その評価で書店に並べる本を選んでいるのです。

アマゾンらしい特徴があるとはいえ、一見するとごく普通の書店にしか見えません。初めて実店舗を作ったことにどのような意図があるのか、いつも通りの秘密主義でアマゾン自身は多くを語りません。そうしたこともあり、ショッピングセンターを運営するある最高経営責任者（CEO）が「アマゾンは300から400店舗を出店するのではないか」と発言したのを米紙ウォール・ストリート・ジャーナルが報じたことで、いよいよ書店が廃業に追い込まれるかもしれないと一時期大騒ぎになりました（その後、発言は撤回されました）。米国でアマゾンがいかに大きい存在であるかがよく伝わる話です。本書執筆時点で、アマゾン・ブックスは2店舗目のオープンが予定されています（2016年8月現在）。

店舗の出店というアマゾンの新たな動きには、どんな意図があるのでしょうか。さまざまな解釈が可能ですが、本書のテーマに引きつけて考えるならば、間違いなくアマゾンはもはやオンラインだけの存在でいるつもりはないことを意味するのではないかと思います。なぜなら、ロジスティクスを磨き上げるアマゾンにとって、オフラインの世界はさらなる成長をもたらす新たな領域になるからです。ロジスティクスは規模の大きさに応じて磨かれます。すでにネット通販で培ったノウハウをオフラインの世界に持ち込むことで、新たな物流の革命を起こそうとしているのです。

ウォルマートのアマゾン対策

アマゾンのオフライン世界への進出は、EDLPの生みの親であり世界最強のスーパーマーケットチェーンとして君臨するウォルマートとの直接対決が始まることを意味します。

本章の冒頭で紹介した通り、ウォルマートもウォルマート・ドットコムを立ち上げてネット販売をスタートしており、EC市場においても、アマゾン（795億ドル）、アップル（206億ドル）に次ぐ世界第3位の実績（売上高121億ドル）です（インターネット・リテーラー「2015年EC企業トップ500社」より）。しかし、アマゾンの背中は遠く、ネット販売の世界ではウォルマートがアマゾンを追いかける立場となっています。

アマゾンが攻勢を続ける中、ウォルマートはどのような施策を打ち出しているのでしょうか。ウォルマートの対抗策を見ながら考察を深めていきましょう。

ウォルマート・ドットコムの物流センターは、通販専用の配送センターが8か所、店舗への供給経路である物流センターが158か所あります。各店舗にある在庫の効率的な活用にも積極的です。ウォルマートがアマゾンに対抗する方策として特徴的なのが、こうした既存の物流ネットワークや既存の店舗網の活用、受け取り専用の施設の拡充です。

例えば「シップ・フロム・ストア（ship from store）」は、ネット通販で顧客が注文した商品のピッキングを店舗で行い、店舗から発送するという仕組みです。つまり、店舗をストックポイントとし、ネット通販の配送拠点として活用していこうという考え方です。配送ルートを短縮することで、輸送コストの削減にもつながります。

またウォルマート・ドットコムで注文した商品を最寄りの店舗で受け取るのが「サイト・トゥ・ストア（site to store）」と呼ばれる試みです。ウォルマート店舗での受け取りは無料です。店内カウンターで受け取る場合は10時〜22時に限定されますが、専用ロッカーで受け取る場合は24時間可能です。

商品受け取りの進化

最近では、店舗受け取りのタイプも進化してきています。店舗の駐車場に車を止めて店内の受け取りカウンターまで足を運ばなくとも、ドライブスルーのように車に乗ったまま荷物を受け取ることができるサービスも広まっています。

クルマに乗ったまま受け取れるサービスは特に食料品の購入者をターゲットとしていま

す。商品をすぐに入手したい、あるいは生鮮食品の配送にかかる高額の料金を避けたい消費者のニーズに応える方法の1つとして、食料品店の間で採用する店舗が増加しているところです。

店舗以外での受け取り場所の開発にも積極的です。その1つが、2014年に新業態の1号店をオープンした「ウォルマート・ピックアップ・グロサリー」です。ネットと連動したドライブスルー型店舗で、ネットで注文した商品をストックポイントとなる専用の物流センターに隣接したドライブスルーのような商品受け取り専用スペースで受け取ります。車で乗りつけてしまえば、車から降りることなく商品を受け取ることができ便利です。

対象商品はグロサリーを中心に約1万アイテムで、利用者は注文から最短2時間で商品を受け取ることができます。店舗側からすれば、レジなどの店舗設備や品出しなどのオペレーションを簡略化でき、ネットスーパーに比べて配送コストも軽減できるという利点があります。

店舗を軸にした物流ネットワーク

アマゾンを最も意識しているだろうウォルマートの新サービスは「シッピングパス(Shipping Pass)」です。アマゾン・プライムは2営業日以内(注文の翌々日)の配送が無料になるサービスですが、ウォルマートのシッピングパスも年間利用料49ドルで商品を2営業日以内に無料配送するサービスです。ネット販売向け専門の流通センターを8か所設けており、5000か所以上の実店舗と7000台以上ものトラックを保有する自社の流通ネットワークを活用し、同サービスを拡大していく計画です。

すでにある物流ネットワークも武器になります。ウォルマートは大型店舗とその周辺にある中・小型店相互で商品在庫を共有化しようという試みも始めています。大型店舗と小型店ではそもそも在庫として抱えられるボリュームが違います。小型店では、動きの悪そうなもの、場所をとる大きなサイズのものは最初から在庫を持たず、もしその商品が必要になったときには大型店の在庫から移動してもらう「テザリング(tethering)」という考え方です。こうした大・中・小型に分かれる店舗の特徴をよく活かし、米国全域をカバーしていこうというチャレンジが始まっています。

生鮮食品分野での激突

アマゾンが自社宅配による生鮮食品の「当日注文・当日お届け（same-day delivery)」の市場を視野に入れたのは2007年8月のことです。本拠地シアトルでテストが始まりました。その後しばらくは目立った進展がありませんでしたが、2013年「アマゾン・フレッシュ（Amazon Fresh)」として本格的に展開をスタートしました。これは生鮮食品を中心とするスーパーマーケットのチェーンであるウォルマートと、正面から勝負することを意味しています。

第一章で取り上げたように、ネット通販のスタートアップ企業ウェブバンが1990年代末に巨額の資金調達をして大型物流センターを建設し、華々しくサービスをスタートして大失敗したのがネットスーパーです。肉、魚、野菜、果物といった生鮮食品を扱うネットスーパーは鮮度の管理が難しく、配送にもスピードが求められるため高度なロジスティクスを必要とします。食品なので購入頻度は高いものの商品の単価は低く、ウォルマートのような巨大チェーンの1つのサービスとして提供するぐらいでしか儲からないだろうといわれていた分野です。

アマゾン・フレッシュは、都市部では外部の宅配会社を使わず、宅配ドライバーの契約から車両の保有までアマゾン自身がラストワンマイルを担い、消費者に直接商品を届けています。現在、シアトル、サンフランシスコ、ロサンゼルス、サンディエゴ、ニューヨーク、フィラデルフィアといった大都市圏を中心にサービスを提供しています。

アマゾン・フレッシュは利用するのに年会費299ドル（プライム年会費99ドルを含む）が必要となり、やや高額です。当日10時までの注文は18時まで、22時までの注文は翌日7時までに配送するというシステムで、都市部は自社配送、地方は他社物流と使い分ける戦略をとっているようです。アマゾンがあえてラストワンマイルの自社宅配にこだわる理由は、一定量の扱いを超えれば他社に委託するよりもコストを抑えられ、その分がそのまま利益につながってくるからです。

取り扱いアイテムは、生鮮食品のほか、日用消耗品やペット関連商品、売れ筋書籍、文具用品、おもちゃなど50万を数えます。最低50ドルの購入が必要ですが、温度帯別での配送が可能で、「受け渡し配送（attended delivery）」は1時間単位、「軒先配送（doorstep delivery）」は3時間枠での受け取り指定ができます。

意外なライバル登場

そしてもう1つ注目すべきなのが、このアマゾン・フレッシュは地域専門店（実店舗）との連携で成り立っているということです。地元のベーカリーやケーキショップなどの店舗と提携し、地域の商品を扱っているのです。ネット通販ではほかのネット通販会社を巻き込むマーケットプレイスやＦＢＡのモデルがありましたが、アマゾン・フレッシュでも同様の取り組みが始まっています。アマゾンの根底にあるのは、こうしたロジスティクス・カンパニーであることを意識した仕組み作りだと私は感じます。

こういったアマゾンの新しい取り組みに意外なライバルが登場しました。検索エンジン大手のグーグルです。

グーグルといえば検索エンジンの圧倒的ナンバー1ですが、実は買い物をする際の検索では、ネット通販の巨人アマゾンの後塵《こうじん》を拝しています。２０１０年には71％を占めていた買い物時のグーグルのキーワード検索は、わずか数年で17％に激減し、逆にアマゾンでの検索が激増しました。グーグルの主力事業は広告ですが、このままでは広告収入に影響が出かねないと、同社では検索結果のアルゴリズムを改め、ショッピングサイトを横断した検索結果を上位に表示することで、ネットでの買い物のしやすさを重視した表示方式に変更しました。

さらにアマゾンの動きに追随したのが「グーグル・エクスプレス（Google Express）」という即日配送サービスです。同サービスは、月10ドルまたは年95ドルで会員となり、1回15ドル以上の購入で配送料が無料になる仕組みです。配送可能な時間は注文時に表示され、曜日と区切られた枠内で時間指定を選択することができます。取り扱い商品は、スナック菓子や缶詰、日用品、文房具などの腐らないものが中心で、生鮮食品は一部に限られます。会員制ホールセールクラブのコストコ、ディスカウントストアのターゲット、ドラッグストアのウォルグリーン、おもちゃ専門店のトイザらスなど大手チェーンストアと提携し約50万点の商品を扱っています。

グーグルvsアマゾンの戦い

アマゾン・フレッシュが自社商品及び提携小売店の商品を配送するのに対し、グーグル・エクスプレスは地元の提携小売店を回って注文商品をピックアップし、注文先に届けます。このサービスのラストワンマイルを担うのはグーグルと契約する配送員です。グーグル・エクスプレスと書かれた専用の配送車両で店舗を回り、顧客の玄関先まで届ける仕組みです。決済と配送をグーグルが担い、実際の商品に関しては提携先小売店の商品を店頭でピックアップして配送する方法をとることで、当日配送を可能にしています。

これまでのところ、サンフランシスコ、シリコンバレー、ロサンゼルス（西部）、ニューヨークのマンハッタン、シカゴ、ボストン、ワシントンなどの大都市圏で展開しています。提携する店舗はグーグルが運営する仮想商店街に出店している地元のスーパーマーケットや小売店などで、エリアにより買える商品が異なります。

グーグルは、小売業者と連携することにより店舗をストックポイントとしています。そうすることで自ら在庫管理の機能を持たずに済み、大規模な物流センターを新規に構築する必要がありません。アマゾンほどの巨額投資を行わなくても、迅速にネットショッピングを展開することができるのが最大の特徴です。

この方式のデメリットは、提携先の商品を店頭でピックアップする方法のため、配送のカバーエリアが限られてしまう点です。地域によって買い物を依頼できる店が異なるため、品揃えもバラバラです。楽天などモール型ネット通販とアマゾンなど総合ネット通販の違いにも見られましたが、迅速な展開では物流センターを伴わないグーグル・エクスプレスが勝るでしょう。提携先が増えれば品揃えも充実します。しかし、店舗を巡回しなければならないため、長期的に見れば物流効率は物流センターを構えるアマゾン・フレッシュには劣ります。

先日、米国のグローバルIT企業が密集するカルフォルニア州のパロアルトを訪れました。視察の合間に、スターバックスを訪れて休憩のためコーヒー飲みテラス席に座っていると、目の前の道路をグーグルエクスプレスのトラックが頻繁に通りました。パロアルトではすでに同社のサービスが浸透しているのは間違いありません。インターネットの分野で圧倒的なポジションを築くグーグルだけに、グーグル・エクスプレスの展開には今後も注目です。

買い物の最新テクノロジー

グーグルとアマゾンの両者が競うものがもう1つあります。先手はアマゾンでした。2

014年、アマゾンは「アマゾン・エコー（amazon echo）」と呼ばれる音声認識を用いた御用聞きの機器を発売します。エコーは最近のスマートフォンによく内蔵されている、アップルの「シリ（Siri）」など音声によるパーソナルアシスタントを想像していただけるとわかりやすいと思います。円筒状の水筒のような形をしており、インターネットに常時接続をしている機器です。音声認識機能があり、「明日の天気は？」「○○について教えて」と話しかけると、インターネットから調べて音声で答えてくれます。アマゾンに対応した買い物リストの機能もあり、リストはスマートフォンからでもチェックすることができます。2014年に発表されたエコーは米国でも評価が高く、すでに300万台を超えるヒット商品になりました。

対抗心を燃やすグーグルは「グーグル・ホーム（Google Home）」という似た音声アシスタント機器を開発中です（2016年8月現在）。IT業界の巨人同士が競い合う最新動向から目が離せません。

アマゾンは、ほかにも最新テクノロジーを駆使して「アマゾン・ダッシュボタン（amazon dash button）」と呼ばれる注文ボタンを開発しました。ダッシュボタンはその名の通り、親指を大きくしたぐらいのサイズのボタンです。アマゾンのネット通販サイトにおいて、その利便性を象徴する機能に「ワン・クリック（1-Click）注文）」という、クリック1回で注文から配送先の決定、決済までを一括で行う機能があります。ダッシュボタンはワン・クリックを進化させたような機器で、パソコンやスマートフォンを介することなく、そのボタンを押すだけで予め設定した内容に即してアマゾンに注文できる画期的なツールです。洗剤や化粧品、飲料品など日常的に消耗される商品ブランドが、ダッシュボタンのプラットフォームに参加しています。

技術の視点から見れば、前者のエコーは「ＡＩ（Artificial Intelligence：人工知能）であり、後者のダッシュボタンは「ＩｏＴ（Internet of Things：モノのインターネット）」ということになるでしょう。ロジスティクスは商品の受注から配送までを含めた戦略です。こうした話題は、アマゾンがロジスティクス・カンパニーであり、同時にテクノロジー・カンパニーであることを思い知らされます。

ウォルマート最大の買収劇

本章では、オフラインの覇者《はしゃ》ウォルマートとネット通販の巨人アマゾンとが、磨き上げられたロジスティクスを駆使して、その境界線を越えて争う様を中心に、米国の最新物流事情を読み解いてきました。ウォルマートはネット通販へ、アマゾンは実店舗の出店へ、まさにそれぞれが動き出しているところです。

直近でもウォルマートに大きな動きがありました。2016年8月に、ネット通販のスタートアップ企業ジェット・ドットコムをウォルマートが約33億ドルで買収すると発表したのです。ウォルマートにとって米国で最大規模の買収となりました。

ジェット・ドットコムは打倒アマゾンを掲げて、2015年7月に開業したばかりの有望な新興企業です。創業者はなんと、ベビー用品のネット通販ダイアパーズ・ドットコムの共同創業者の1人です。前述の通り、ダイアパーズ・ドットコムはアマゾンに価格競争を仕掛けられた末に買収されました。まさに因縁のライバルです。実際に多くの企業から期待され、短期のうちに日本円で約565億円もの多額の資金を調達しました。

アマゾンキラーとも呼ばれるジェット・ドットコムの仕組みは非常に大胆です。クレジットカードではなくデビットカードで払えば割引になる、1個買うよりも2個、3個と数を増やしていくほどに割引額が増えるなど、カートに入れるたびに価格が下がっていくのが確認できます。返品についての考え方も面白く、支払いページでは「無料での返品を放棄した場合、0・05ドル割り引きます」という表示が出てきます。たしかにネット通販にとって返品は対応から在庫管理まで手間がかかり、非常にやっかいな存在です。返品の無料対応を顧客に放棄してもらうことで、一定の金額を割り引く仕組みはとても合理性があり画期的です。

アマゾンキラー「ジェット・ドットコム」

ジェット・ドットコムのビジネスモデルの最大の特徴は、完全会員制である点です。会員制の小売業といえば日本でも最近になり知名度が上がってきている米国コストコが有名ですが、ジェット・ドットコムも同様の仕組みを導入しています。コストコと同じように粗利益と販売管理費を等しくし、顧客からの年会費の49・99ドルを利益とすることで、それ以外のコスト削減分をすべて値下げに回す利益構造としています。

CEOのマーク・ロアによれば、ジェット・ドットコムは「価格」に最大の価値を置くネット通販会社です。即日配送や1時間以内の配送といった利便性を重視する比較的裕福な顧客を後回しにし、「価格こそが顧客が求めるものだ」という考えで徹底して値引きし、ミドルクラスの顧客を狙った戦略でアマゾンに勝負を挑んだのです。

ウォルマートの発表によれば、2016年8月の買収時点でジェット・ドットコムは1日あたり平均2万5000件、月間40万人の顧客を抱えていました。ロジスティクスを徹底して効率化し、EDLPで勝負してきたウォルマートにとって、ジェット・ドットコムは非常に相性のいいネット通販会社だったのかもしれません。

オンラインの世界において、ウォルマートによるアマゾンへの逆襲が始まるのでしょうか。店舗をフル活用するウォルマートと安さで顧客を囲い込むジェット・ドットコムのタッグに対し、ネット通販の利便性ときめ細かさで勝負するアマゾン。米国のウォルマートvsアマゾンの戦いからは、まだ目が離せそうもありません。

次章では、日本においてアマゾンに対抗できる戦略はあるのか、さまざまなロジスティクスで挑む各企業の具体的な事例を通じて、考えていきたいと思います。

第三章 物流大戦争の幕開け

——アマゾンと競い合うための3つの戦略

日本のネットスーパー

前章では米国のスーパーマーケットチェーンのウォルマートと総合ネット通販のアマゾン、2つの企業のライバル関係を中心に描きました。本章では、まず日本のネットスーパーの現状から見ていきたいと思います。

ウォルマートはネットで注文した商品を宅配、店舗受け取り、ドライブスルー型の受け取りなど、さまざまな選択肢を用意することで顧客の利便性を上げていました。しかし、日本のネットスーパーは、まだまだ自宅まで届けてくれるだけという域を出ておらず、誰もが納得できるレベルには達していません。

日本のネットスーパーの市場規模は2015年度に1000億円の大台を突破したと推計されており(「富士経済」調べ)、今後も急拡大が予測されていますが、いまだ赤字のネットスーパーがほとんどで、投資段階だといえるでしょう。

2014年、市場の立ち上がりを待たずして姿を消したネットスーパーがありました。「サミットネットスーパー」です。事業を運営していたのはサミット本体ではなく、住友商事の100%出資会社である住商ネットスーパーです。サミットの株主は住友商事ですので、大元は同じです。2009年にサービスを開始して、わずか5年での撤退となりました。サミットネットスーパーはなぜ失敗したのでしょうか。失敗の原因を考察する前提として、まずネットスーパー市場の概況を見ていきましょう。

日本国内のネットスーパー事業は、2000年に西友が立ち上げたのを皮切りに、翌2001年にイトーヨーカドー、イズミヤ、2003年にマルエツ、2006年に大丸ピーコック、2008年にイオン、ダイエーが参入するなど、大手総合スーパーが競って参入しました。

店舗型とセンター型

ネットスーパーの運営方法は大きく2つに分かれます。

ネットスーパーの注文主の近隣にある店舗で商品をピッキングして配送する「店舗型」と、専用の物流センターから出荷する「センター型」です。

店舗型の場合、店舗の在庫と連動しているため初期投資は少なくて済みます。しかし、配送拠点となる各店舗は注文された商品のピッキングや梱包をする人員、個人宅へ配送するための車両などを確保しておく必要があり、コストもかさみやすい仕組みです。

センター型は1か所にすべてがまとまっているため管理コストを抑えられ、品揃えや、受注処理から配送までのサービス面で一定の品質を維持しやすいのが利点です。しかし、新たに専用の物流センターが必要となりますので、投資金額が高くなります。また、物流センターの高い生産性を発揮するには多くの受注が必要です。

ネットスーパーの多くが初期投資の少ない店舗型からスタートしましたが、ネット通販の受注増が見込まれる中、最近ではセンター型に移行する企業も増えてきました。米国ウォルマートでも、158か所の物流センターとは別に、ネット通販専門の物流センターを開設しています。アマゾンをはじめ、多くの物流センターを米国で見てきましたが、ネット通販専門の物流センターを設置しているケースがほとんどでした。

この考えを発展させたものがネットスーパー専用店舗「ダークストア(dark store)」です。日本語に訳せば「闇の店舗」ですが、これはネットスーパー専用の出荷を行うストックポイントであり、物流センターの機能を備えた店舗のことを指します。物流センター内ではスーパーのように商品が陳列されていますが、外観は倉庫であり、一般客が入らない店舗という意味でこのように名づけられました。ネットスーパーを利用するお客が多い地域でありながらも、顧客の来店を想定しないため、立地に恵まれない地代の安い場所にも設置することが可能です。

サミット失敗の理由

先行するネットスーパーが主に初期投資が少ない店舗型だったのに対し、サミットネットスーパーは競合との差別化のため首都圏初のセンター型を採用しました。事業開始10年で売上高1000億円を目指す高い目標を掲げ、2014年に単年度黒字化する計画でした。その売上目標に向けて、江古田配送センター（東京・中野）、尾山台配送センター（東京・世田谷）、横浜配送センター（神奈川・横浜市）の3か所に配送拠点を設置し、物流センターに大きく投資をしたのです。その投資金額は250億円ともいわれています。

サミットネットスーパーは東京と神奈川で約30万人の会員を獲得しましたが、想定したほど会員数は伸びなかったようです。サミットストアは首都圏に100店超ありましたが、イトーヨーカドーやイオンなどの大型店ほどの集客力はなく、潜在的なお客にネットスーパーを利用してもらうきっかけを作れなかったことも大きかったと思います。

失敗の原因として「アクティブな利用者の不足」や「配送無料のコスト負担」といったことがよくいわれますが、やはり物流センターへの初期投資の金額が大きすぎたことが根本的な原因だと思います。第一章でも物流センターへの初期投資が大きすぎて事業がつまずいた、ネットスーパーの先駆者ウェブバンの大失敗を取り上げましたが、物流は時間をかけて積み上げていくオペレーションの側面が重要ですし、そもそも受注数が少なければ効率化のしようがありません。

サミットネットスーパーはかさむ物流コストで年間10億円を超える赤字を抱え、黒字化の目処が立たないことを理由に早期撤退となりました。センター型を採用したことは決して間違いだとは思いませんが、赤字額があまりに大きかったため株主に説明がつかないと判断したのでしょう。アマゾンのジェフ・ベゾスのように壮大なビジョンで株主を説得できれば別ですが、赤字がこれだけ大きな金額だと見過ごすのは難しかったのだろうと思います。

2012年、楽天のネットスーパー「楽天マート」もいきなり大規模に展開し、やはり失敗しました。関東の1都7県からスタートし、山手線で中吊り広告を出すなど展開しました。しかし、投資の負担が重くなり、2015年に自社トラックによる配送から宅配業者への委託に切り替えました。事実上、注文当日に配送するネットスーパーから、食品ネット通販への方針転換でした。

生き残ったネットスーパー

米国でもウェブバンが破綻した一方で、ネットスーパーで生き残っている企業があります。1996年にネットスーパーを開始した「ピーポッド（Peapod）」です。ドットコムバブルがはじけた後、株価が半分になるなど倒産状態に追い込まれたものの、オランダの大手小売「ロイヤル・アホールド（Royal Ahold）」（現アホールド・デレーズ）に買収され、建て直しに成功しました。

勝負の分かれ目となったのは、ロジスティクス戦略です。ウェブバンが1つの物流センターに日本円で250億円ともいわれる巨額の投資をしたのに対し、ピーポッドは20億円ほどの投資金額に抑えました。特に重要だったのは、2つの方針転換です。1つは、全米

写真6　ピーポッドの配送トラック

展開をやめて地域を絞ったことです。もう1つは、配送無料をやめて有料化したことです。ムリのない展開でじっくりとロジスティクスを洗練させました。日本のネットスーパーはピーポッドから多くのことを学べるはずです。

またロイヤル・アホールドが米国で展開する「ストップ&ショップ（Stop & Shop）」「ジャイアントフード（Giant Food）」などのスーパーマーケットの大型チェーンと連携し、店舗型とセンター型をうまく使い分けました。ネットスーパー市場が拡大する中で、その時期に合う形を選択し、適切なサイズで物流を構築したのです。

現在のピーポッドは非常に高い利便性を維持しています。

例えば商品の受け取りは、自宅への配送のほかに、任意の受け取り場所「ピーポッド・ピックアップポイント」での引き取りを選ぶことができます。ピックアップポイントでの受け取りは、受け取る場所と日時を事前に指定することができます。料金も合理的です。自宅への配送なら購入金額に応じて6ドル95セントから9ドル95セントとなり、細かい時間を指定しない広い時間枠での配送にすれば2ドルから5ドルの値引きがあります。これは時間指定がないほうがピーポッドにとって配送効率がいいからです。またピックアップポイントでの受け取りならば、2ドル95セントと送料が安くなる仕組みです。

2010年には他社に先駆けてスマートフォン、タブレット用のアプリの提供を開始しました。現在ではモバイル経由の売上が約40%を占めるそうです。

私も物流のリサーチのため米国を視察した際に、試しにピーポッドで注文したことがありますが、そのサービスのきめ細やかさには驚きました。受け取り当日の通知が非常に丁寧なのです。「荷物がもうすぐ到着します」「今荷物が着きました」というショートメッセージが矢継ぎ早に届き、いざピックアップポイントに近づくと、ピーポッドの配送トラックのかたわらに優しい笑顔を振りまくドライバーが立っていました。配送トラックの荷台を見ましたが、ピーポッドが高度な物流システムを持っているだろうことがわかりました。

成功の鍵は「小商圏×短期間」

現在、日本のネットスーパーで最大の売上規模を誇るのはイトーヨーカドーです。ネットスーパー事業者の中でいち早く単独で黒字化していることを発表しました。全国の185店舗のうち145店舗でネットスーパー事業を展開しており、売上が急拡大しています。2007年2月期には売上高50億円、会員数17万人だったものが、2015年2月期には売上高500億円を達成、会員数は200万人にまで増えています。ネットスーパーの市場規模1000億円のおよそ半分をイトーヨーカドーが占める計算です。

2015年には都内で初となるネットスーパー専用店舗「セブン&アイネットスーパー西日暮里店」を出店し、約1万アイテムを揃えました。同店では店舗型の約5倍にあたる1日最大2000件の注文に対応しました。店舗型にうまくセンター型を併用していくことで、単独での売上1000億円を目指しています。

イトーヨーカドーのネットスーパーの展開は堅実です。店舗型の受注数が増えてきて、ピッキングと梱包の作業をする店舗の従業員の負担が増え、非効率になってきた段階でセンター型に移行しています。物流センターを設置しても、ある程度の稼働率が見込めることは重要です。

サミットネットスーパー、ウェブバンの失敗例、ピーポッド、イトーヨーカドーの成功例をそれぞれ並べてみると、ネットスーパーを成功させるための鍵が「いかに小商圏で、短期間に会員を獲得するか」にあることがわかります。

小商圏の理由はやはり配送効率です。第一章で取り上げたビール1本から無料で配送するカクヤスは「店舗から半径1・2キロメートル圏内」を配送の範囲としていましたが、店舗型でスタートすることが多いネットスーパーも小商圏でスモールスタートにするべきでしょう。

またネットスーパーには専用の作業工程が必要となるため、受注数が少ないと採算がとれません。配送料を工夫するなど、ある程度、短期間で会員獲得をしたほうがいいでしょう。サミットネットスーパーの場合、3000円以上からでしか注文できず、送料無料になる買い上げ金額も5000円以上というシステムで、お客にとって使い勝手のよくないものでした。

ネットスーパーは始まったばかり

2015年の日本のスーパー売上高の合計は13兆1682億円（日本チェーンストア協会調べ）。その中のわずか1000億円ですので、ネットスーパー市場はまだ黎明期《れいめいき》です。米国のウォルマートやピーポッドが宅配以外の受け取りの選択肢を用意しているのに対して、日本のネットスーパーでそうした選択肢を用意している企業はほとんどありません。米国でアマゾンに対抗するウォルマートのように、力のあるプレーヤーが日本ではまだ登場していないのが現状です。

アマゾンは米国で先行する生鮮食品の宅配サービス「アマゾン・フレッシュ」を、日本でも展開することを検討しています。2016年の秋にオープンする予定の新物流センターは、1階が冷蔵品を扱える倉庫だそうです。しかし、スーパーの扱う生鮮食品は鮮度管理が難しく、物流の仕組みが一般的な商材とは異なるため、まだ時間的な猶予があるかもしれません。

ネットスーパー市場は確実に拡大しており、一気に普及する可能性があります。先行者の数々の成功、失敗から学び、小商圏から確実に顧客を獲得していくことが先決でしょう。

一方で、日本においてアマゾンは、2015年度に売上高1兆円を超え、小売業の8位に入るなど存在感が急速に増しています（「日本経済新聞社」調べ）。そのアマゾンに立ち向かい勝負を挑んでいる企業はあるのでしょうか。次に、総合ネット通販を展開する企業の事例を見ていきましょう。

顧客満足度1位のヨドバシカメラ

アマゾンと真っ向から勝負を挑み、善戦している企業の1つがヨドバシカメラです。サービス産業生産性協議会が2009年より毎年発表をしている「日本版顧客満足度指数（JCSI：Japanese Customer Satisfaction Index）」では、通信販売部門で「ヨドバシ・ドットコム」が2016年度に3年連続で1位となりました。カテゴリーを「自社ブランド型」と

「総合モール型」に分けた順位でも「総合モール型」でヨドバシ・ドットコムは1位となり、アマゾン（amazon.co.jp）は4位です。同じ調査でヨドバシカメラは家電量販店部門でも6年連続1位を記録しており、家電量販店の中でも近年存在感が抜きん出ています。

「なぜ家電量販店のネット通販がアマゾンといい勝負をしているのか」と疑問を持たれる方もいるでしょう。今やヨドバシ・ドットコムは家電製品を販売するだけではありません。飲料品や食料品、日用品、ホビー用品や文房具、化粧品やカー用品など、ここ数年で急速に品揃えを充実させてきています。アイテム数は約430万点（うち家電が100万点弱）とアマゾンにはまだまだ及びませんが、生活に欠かせないもののほとんどは揃う水準になりました。今後も日用品やスポーツ用品、さらには生鮮食品を含む食品なども取り揃え、早期に1000万アイテムまで品揃えを充実させる方針です。

ヨドバシ・ドットコムは、アマゾンに負けない成長率を達成しており、上場企業ではないため数値は公表されていませんが、2016年3月期の売上は前年比2割増の年商1000億円に達すると見込まれています。ネット通販市場が拡大しているとはいえ、歴史の長い大手小売企業が、これだけのスピード成長を遂げていることは注目に値します。経済週刊誌でもアマゾンと比較される存在として特集されるなど、数あるネット通販企業の中でも注目株の1つとなりました。

なぜ日本のネット通販業界の中でヨドバシカメラの強さが際立つのでしょうか。その顧客満足度の源泉は、非常に高い物流品質です。

驚きの物流品質

アマゾンには、配送のオプションとして「当日お急ぎ便」「お急ぎ便」「お届け日時指定便」があります。年会費を払うプライム会員は無料で利用できますが、非会員はすべて有料のサービスです。当日お急ぎ便は514円、お急ぎ便は360円の別料金がかかります。また第一章で紹介した通り、注文金額が2000円に満たない場合、350円の配送料がかかるようになりました。

ところがヨドバシ・ドットコムは、そのすべてが無料です。配送会社を指定する際にそれぞれ350円の追加料金がかかりますが、配送にヨドバシカメラを選べば配送日指定は もちろん、全品の送料が無料です（一部離島を除く）。特筆すべきは最短6時間以内に配送され、当日お届けも可能な「エクスプレスメール便」が無料で利用できるところでしょう。午前に注文した商品が夕方に届く、超速のスピード配送が無料で利用できるのです。エリアによりますが、出荷を知らせるメールが事前に届き、お届け予定日時「○月○日(月)○時○分頃」や配送担当者の名前までが詳細に表示されます。私も初めて利用した際に、配送時間や配送担当者までが記載されていることに驚嘆しました。

なぜ配送日時の記載が可能なのか。その理由は、このスピード配送のラストワンマイルを担うのがヨドバシカメラの社員だからです。エクスプレスメール便の利用対象地域は、首都圏などヨドバシ・ドットコム専用の物流センターがカバーするエリアに限られますが、この高い物流品質を無料で提供するヨドバシカメラの底力に感服しました。当日配送のエリアは関東1都6県、関西2府4県のほか、九州や東北などで、その人口カバー率は75・04%です。お客の多くが当日配送の恩恵を受けることができます。翌日配送の人口カバー率も98・55%となっており、アマゾンとほぼ互角です。再配達の依頼を受け付けるコールセンターも24時間対応しており、サービスレベルの高さがうかがえます。エクスプレスメール便が始まった2015年以来、熱心なネット通販ユーザーの間では「ヨドバシがアマゾンを超えたのではないか」と評判を得ており、顧客満足度の高さはこうした物流品質によるところが大きいといえるでしょう。

ヨドバシカメラがすごい理由

ヨドバシカメラはロジスティクスに大きく投資しています。川崎市にある同社の物流センターに、延べ24万平方メートルにも及ぶ物流センター「ヨドバシカメラアッセンブリーセンター川崎」を2016年の秋にオープンさせる予定です。その投資額は約100億円。目的はネット通販の拡大に向けた品揃えの充実と、物流機能の強化です。また、東京都内にストックポイントとなる複数の小型物流拠点を整備し、売れ筋の小型家電や日用品などの在庫を持ち、スピード配送につなげる施策を打ち出しています。

ヨドバシカメラのように、ラストワンマイルの自前配送にこだわる企業は少数派です。しかし、ここまで顧客に自らの手で届けることにこだわる点は、実にヨドバシカメラらしいとも思います。先ほど家電量販店の中でも6年連続で顧客満足度1位を維持していると紹介しましたが、ヨドバシカメラの店舗に行くたびに私も「すごい」と感じます。何より

写真7　秋葉原のヨドバシカメラ「マルチメディアAkiba」

も店員のみなさんが豊富な製品知識を持っており、接客のレベルが高いと思います。私のひいき目もあるかもしれませんが、「どの家電を買えばいいかわからない」というときにいちばん適切なアドバイスをもらえるのは、やっぱりヨドバシカメラです。顧客を第一に考える企業文化が培われているからこそ、ネット通販でも顧客の要望に応えるため、コストがかかっても高い物流品質を維持できる自前配送にこだわっているのだと思います。

　秋葉原と梅田の旗艦店ではネット通販の購入商品の24時間受け取りが可能であ

り、店舗受け取りという、ネットに負けない利便性があります。また、既存の店舗を活かす発想もユニークです。2012年から店頭の商品値札にバーコードを載せ、専用のスマートフォンアプリで読み取ると他社との価格を比較できるサービスを始めました。2015年からは、全店舗で無料の高速インターネット接続を提供するフリーワイファイ（Wi-Fi）のサービスを導入し、店内でスマホを使い他社と価格を比較したり、商品を撮影して自由にSNSへ投稿できるようになるなど、他社との立ち位置の違いが際立ちます。小売店で確認した商品をその場では買わず、ネット通販のより安い価格で購入することを「ショールーミング（showrooming）」といいますが、ヨドバシカメラはこれをあえて推奨する方法をとっているのです。

こうした試みは非常に大胆ですが、ネット通販のヨドバシ・ドットコムに自信があるからこそ可能な施策でしょう。店舗をあえてショールームにし、丁寧な接客を武器にネット通販で買ってもらい、当日配送が充実しているためお客は持ち帰る必要もありません。ヨドバシ・ドットコムを利用したお客に「これは便利だ」と思ってもらえば、家電以外の商品を買ってもらえる可能性が高まります。家電量販店ではお馴染みのポイントカードによる率の高い「ポイント還元」の仕組みもあり、リピート購入につなげやすい利点もあります。店舗が入口となり丁寧な接客でお客に満足してもらい、ネット通販のファンになってもらう戦略は、プライム会員を戦略の軸にすえるアマゾンとは違います。

「ネット×店舗」の相乗効果

ヨドバシカメラの歴史をさかのぼると、やはり昔から物流に強い会社だったことが見えてきます。「どうすればお客さんが喜ぶか、当たり前のことをやっているだけ」というのが彼らです。関東で当日配送を実現したときも、「東京から自社の宇都宮店に荷物を送ると当日に届くのだから、個人のお客宛てでもできるのではないか」という発想だったそうです。

ネット通販事業をスタートさせた時期は早く、1995年です。マイクロソフトの「ウィンドウズ95（Windows 95）」が発売された年ですから、そのときのインターネット環境は今とは比べ物にならないくらい不便なものでした。しかし驚くことに、この時点ですでに在庫の一元管理ができていたそうです。店舗、倉庫、移動中の商品、お客からの取り置き依頼の商品など、これらの在庫状況を正確に管理していました。在庫の一元管理ができるシステムを構築していたのは1989年だそうです。

さらに1996年には、在庫が尽きるとネット通販サイト上から商品の掲載がなくなる仕組みを導入しました。2000年には在庫状況をネット上に公開し、2003年からはネット通販サイトから店舗での取り置き注文も可能になりました。2010年に、店舗の店頭価格とネット通販サイト価格の一元管理を始め、リアルとネットとの価格統一も実現しています。

店舗で売り上げても、ネットで売り上げても、ヨドバシカメラの売上なのだから同じだ、という意識が社員全体に共有されている点もすごいと思います。私が見てきたネット通販会社の中には、店舗とネット通販サイトとの間で売上競争があり、互いにライバル関係にあるようなところもありました。それだけヨドバシカメラの企業文化がしっかりしているということです。

彼らのように店舗やネットを区別せず、あらゆる場所で顧客との接点を持とうとする考え方や戦略を、最近「オムニチャネル（omni-channel）」と呼ぶようになりました（詳しくは拙著『オムニチャネル戦略』日経文庫、2015年をご参照ください）。「在庫の一元管理」「店頭とネット通販の価格統一」「店員教育」の3つはオムニチャネルを実現するための必要条件だといわれていますが、ヨドバシカメラが早々にそれらを実現していたことは注目に値します。

セブン&アイのオムニチャネル

オムニチャネルを前面に打ち出すのが、大手流通企業のセブン&アイ・ホールディングスです。2015年に「オムニセブン（omni7）」を立ち上げ、中核企業のセブン-イレブンの商品だけでなく、グループ企業であるイトーヨーカドー、そごう、アカチャンホンポ、ロフト（LOFT）などが取り扱う商品を宅配だけではなく、近隣のセブン-イレブンでも受け取れることが大きな特徴です。日本全国で約1万8000店ある店舗を活かし、売上につなげていこうという試みです。

オムニセブンは、登録会員数が150万人、取扱品目は250万と順調なスタートを切りました。2018年度には品揃えを600万にまで引き上げ、売上高1兆円を目指すという大きな目標を掲げています。

また、セブン&アイのオムニチャネルは、「売り場」「接客」「商品」の3つを重要な柱に位置づけています。

「売り場」は、いつでもどこでも買えることです。家の中でパソコンから、移動中のスマートフォンから買えるのはもちろん、セブン-イレブンの店頭でもタブレット機器を使い注文できるのが大きな特徴です。サービス開始時には九州と東京の一部店舗を含む600店舗にタブレットを配付し、現在では全店に配付が完了しています。セブン-イレブンでアカチャンホンポやロフトの商品が買えるのは、グループ企業ならではの強みです。また返品も店頭で受け付けるなど、顧客にとって返送の手間が少なく便利です。

次に「接客」です。一人ひとりの顧客によりきめ細やかな接客を行うため、まず店舗での接客履歴や商品紹介のノウハウをグループ内で共有しました。またセブン-イレブンの店舗で従業員が「御用聞き」するサービスを開始しました。40万人いる店舗スタッフがタブレットを操作することで、ネットが使えない高齢者からも注文を受け付けることができます。これまでも弁当宅配サービス「セブンミール」の商品を届ける際に、高齢者から御用聞きをする例はあったそうですが、オムニセブンの導入でこうした動きが加速しそうです。「御用聞き」は、セブン‐イレブンの店舗運営に忙しいスタッフをいかに巻き込み、求められる接客品質を保てるかどうかが鍵になってくるでしょう。

最後に「商品」です。セブン&アイはメーカーと共同で開発したオリジナル商品（プライベートブランド）の「セブンプレミアム」シリーズをすでに展開し、売上規模が1兆円に迫るなど高い商品開発力をすでに持っています。オムニセブンの販売力を高めながら、今までセブン‐イレブンで40年培ってきたメーカーとの信頼関係を活かして、オムニセブンでしか買えない「売れる商品」を作っていけるかが重要です。

アスクルの個人向けネット通販

ヨドバシカメラやセブン&アイの大手流通企業と並び、ネット通販で注目を集める企業がもう1社あります。第一章でも登場した、オフィス向け通販で大きな成功を収めているアスクルです。同社は2012年から個人向けネット通販「ロハコ（LOHACO）」の展開を始めました。ネット通販サイトとしては後発となる参入でありながら、わずか4年で顧客は累計250万人を超え、年商は300億円を突破する勢いです。

アスクルは2012年にポータルサイト最大手でヤフーショッピングも提供するヤフーと資本・業務提携し、2015年にはヤフーの連結子会社となりました。ヤフーからの集客力をうまく活かしながら、急成長したのがロハコです。

オフィス向け通販と同じく、アスクルの武器は高度なロジスティクスです。関東圏や近畿圏では一部のエリアを除き、午前10時までの注文を同日の午後6時以降に届ける当日配送をすでに実現しています。送料も1900円以上であれば無料です。2016年には、専用のスマートフォンアプリを使い、購入した商品の配送時刻を30分単位で顧客に通知するサービス「ハッピー・オン・タイム」を都内を含む一部の地域から開始しました。配送1時間前からは注文主がアプリで配送員の位置を確認することができ、配送の10分前にも再度通知が届きます。そうすることで顧客の不在率が減り、再配達の手間も省けます。

このサービスは、1時間枠、2時間枠と配送時間をきめ細やかに指定することができます。アスクルが物流子会社を使いラストワンマイルを自前で配送するからこそ実現できる物流品質です。過去の配送実績などのデータを人工知能を活用して分析し、より効率的な配送を目指すと宣言しているところも、ロジスティクスに注力する同社らしい試みだと思います。

開始から間もないネット通販サイトで、ここまで高度な物流を実現できたのは、やはりオフィス向け通販のノウハウがあったからです。ロハコの開始当初こそ物流現場の混乱があったといいますが、顧客の注文する商品の趣向が移り変わりやすい個人向け通販でもオペレーションを積み上げ、順調に作業の自動化、効率化が進んでいるそうです。

ロハコの「独自商品」戦略

ロハコの物流品質が高いのはもちろんですが、注目すべきはその品揃えです。日用品に特化しており、商品点数は20万とアマゾンやヨドバシカメラに比べると決して多くありません。しかし、商品のオリジナリティが高く、ほかのネット通販サイトでは手に入らない商品が多く存在します。

例えば、ネット通販サイトで売れ筋カテゴリーであるミネラルウォーターは、群馬県の嬬恋《つまごい》銘水を2015年に完全子会社化して「奥軽井沢の天然水」を発売しました。ネット

写真8　花王「リセッシュ」(左)とキリンビバレッジ「moogy」(右)

通販企業が自社のグループ企業にミネラルウォーターの製造企業を組み入れるのは、非常にめずらしい試みです。またお米の販売では、北海道の美唄《びばい》・岩見沢エリアで栽培した「ゆめぴりか」の原料玄米を扱った「ろはこ米」を開発しました。特筆すべきは、この商品を発売するために埼玉県にあるアスクルの物流センター内に最新の精米機を導入し、独自の精米センターを開設したことです。精米したてのお米をお客に届けるため、自前で精米を行うという徹底っぷりです。非常にユニークな取り組みだと思います。

また、ロハコはメーカーとの商品の共同開発にも積極的です。2014年から始まった「ロハコ　ECマーケティングラボ」という取り組みでは、ロハコの購買データをメーカーと共有することで、独自商品を開発しています。第1期は12社、第2期は55社、2016年の第3期には98社が参加し、規模を拡大するとともに、新たなオリジナル商品を次々と生み出しています。参加する企業には、プロクター・アンド・ギャンブル（P&G）や資生堂、味の素や日清食品など、大手メーカーがずらりと並んでいます。

例えば、キリンビバレッジと開発した生姜とハーブが入った健康麦茶「ムーギー（moogy）」は冷え性に悩む女性をターゲットにした商品ですが、淡いパステルカラーに彩られたパッケージが非常におしゃれです。また、花王の消臭・除菌スプレー「リセッシュ」は天然石をイメージしたロハコ専用のパッケージで、こちらも女性に喜ばれそうなデザインです。いずれの商品も、ネット通販サイトは商品の機能や成分を販売ページの中で説明でき、店舗の店頭で目立つための派手なデザインにする必要がないからこそできた斬新なパッケージです。

「場」を提供する

こうした共同商品開発の試みは、日本のアマゾンも行っています。2013年にアマゾン限定商品を扱うストアを立ち上げました。アマゾンと日清シスコは、アマゾンのサイト内で検索されるキーワードから「砂糖不使用」「甘さ控えめ」という利用者のニーズを見つけ、それを基にシリアル「砂糖不使用フルーツグラノーラ」を共同で完成させました。同じように伊藤園とカフェインを大幅に減らしたボトルコーヒー「カフェインレスブラックコーヒー」を開発するなど、オリジナル商品を生み出しています。

では、アマゾンとロハコの違いはどこにあるのでしょうか。アマゾンが検索データを基に商品開発しているのに対して、ロハコのアプローチはサイト内検索のデータだけではありません。各メーカーが保有するユーザーのデータや先行販売から得られたデータに基づいて、アスクルとメーカーが綿密に連携しながら商品開発を進めています。あくまでロハコは「データを活用したマーケティングの研究・実践ができる場（プラットフォーム）」という位置づけで、多くの大手メーカーを巻き込み、友好的な関係の構築に成功しているのです。

例えば、P&Gが運営する会員370万人のコミュニティサイト「マイレピ」は、アスクルの親会社であるヤフーの会員IDとの連携を始めました。マイレピやロハコのサイト上で顧客がどのようなものに興味を持ち、行動しているのかをデータ連携により詳細に把握できるようにすることで、お互いにより踏み込んだ商品開発をできるというわけです。一部ではアマゾンはメーカーへの自社のデータ開示に積極的ではないともいわれており、ロハコは圧倒的な売上のアマゾンに対して販売力こそ劣りますが、うまくメーカーを巻き込むことに成功しているのです。

モール型からマーケットプレイスへ

2015年の秋に「くらしに馴染む」をコンセプトに、ロハコは「東京デザインウィーク」に出展し、ネット通販に特化した新しい発想で作られたデザインの商品を21社と公開しました。そこで来場客から好評を得たことで、正式な商品になったのが先ほどのキリンビバレッジ「ムーギー」と花王「リセッシュ」です。

アスクルのロハコは場の提供に積極的です。ほかにも「ロハコモール」の名称で、無印良品や成城石井など専門ブランドの商品を扱っています。アマゾンや楽天のモール型ネット通販サイトと異なり、ロハコ自身が各専門店から商品を仕入れて販売しています。そのため、各専門店の商品もアスクルの物流センターからワンボックスで配送でき、お客にとって便利な仕組みとなっています。

さらにロハコは最近になり、先行するアマゾンと同じように、他の事業者が出店して商品やサービスを販売できる「マーケットプレイス」を開始することを発表しました。直販ではカバーが難しい商材を取り入れ、品揃えを充実させる狙いです。またマーケットプレイスからの収入が柱となっているアマゾンのように、ロハコの集客力を武器に新たな収益の確保を狙っています。

物流大戦争を生き抜くヒント

ここまで見てきたヨドバシカメラ、セブン&アイ、アスクルの3社は総合ネット通販で、正面からアマゾンと競う企業です。必然的に、ロジスティクスへの投資金額がかさみます。ヨドバシカメラは100億円もの巨額を投資しており、アスクルのロハコもまだ規模の拡大を優先する先行投資段階として、年間30億円もの赤字が続いています。アマゾンは創業から長い間ずっと赤字が続いたことで知られますが、物流センターへの投資負担は大きく、体力勝負となるのが総合ネット通販の分野です。今後も激しい競争が繰り広げられるでしょう。

一方で、有望な3社のそれぞれの取り組みから、物流大戦争を生き抜くためのヒントがいくつか見えてきました。

まず競争の前提となっていたのはラストワンマイルです。これまでの競争は、翌日配送、当日配送、1時間配送とスピードで競ってきましたが、ヨドバシカメラやアスクルのように事前に配送時間を通知するサービスが始まるなど、スピードだけではない自前配送だからできる高度なロジスティクスが登場しています。受け取る場所も注文主の自宅だけではなく、コンビニや店舗などに広がっており、自宅で受け取るのが不便な共働き世帯などへの利便性が向上しています。今後もラストワンマイルをめぐっては、好きなときに、好きな場所で受け取れるように各社が取り組みを広げていくことになるでしょう。

次に、オリジナル商品の充実が差別化のポイントです。ネットならではの幅広い品揃えや低価格はもちろん、セブン&アイやアスクルは自社のサイトで限定販売されるオリジナル商品の開発に力を入れていました。成熟に向かうコンビニ業界では、セブン-イレブンの商品開発力が抜きん出ており、同社の1店舗1日あたりの売上が他社より10万円以上高いことがよく知られています。つまり「近くて便利」なコンビニが全国に行き渡った後、差別化につながったのはオリジナル商品でした。ネット通販も同じように、何でも買える「エブリシング・ストア」が実現したとき、やはり独自の商品があることが競争力につながってくるでしょう。

そして最後になりますが、「ネット×店舗」のように顧客との接点が重要です。ヨドバシカメラはそもそも家電量販店であり、各店舗には豊富な商品知識を持つ店員がたくさんいます。店舗での接客を活かして顧客が本当に欲しい商品を見つけ、購入は店舗でもヨドバシ・ドットコムでもOKという柔軟さは大きな武器です。セブン&アイも同じです。セブン-イレブンの1店舗あたりの来客数は平均約1000人、全国1万8000店舗で1日平均1800万人以上が来店します。この来店客にオムニセブンのよさを伝えながら、使ってもらうきっかけを作れるのは他社にできない強みです。

こうしたヒントを基に、独自の取り組みを展開するユニークな企業を紹介しながら、アマゾンに立ち向かうための戦略を考えていきましょう。

ファッション特化のゾゾタウン

スタートトゥデイが運営する通販サイト「ゾゾタウン（ZOZOTOWN）」はファッションに特化することで、急成長するネット通販企業です。2010年に366億円だった商品取り扱い高は、2015年に1290億円へと拡大し、順調に業績を伸ばしています。ゾゾタウンは約6800ショップ、2600以上のファッションブランドを取り扱う日本最大級のファッション通販サイトであり、約350万人の顧客を抱えています。

ひと昔前は「パソコンや家電は買っても、ネットで洋服は買わないだろう。試着が必要だし、素材や質感も画面ではわからない」と言われていました。ネット草創期から仕事に携わっている身としては、隔世《かくせい》の感《かん》があります。

彼らの事業形態はユニークです。ファッションブランドが集まるモール型ネット通販サイトではありますが、スタートトゥデイが自前で持つ物流センターに各ブランドからの商品を「受託在庫」として預かって販売し、その手数料をメインの売上としているのです。

写真9　「ゾゾタウン」トップページ

日本のアパレル業界と百貨店の商慣習にも「委託販売」「消化仕入れ」というように、商品が売れた時点で、小売り事業者がメーカーから商品を購入（仕入れ）することにし、在庫処分のリスクをメーカー側が負う仕組みがありますが、その形態と同じです。

ほかにスタートトゥデイが在庫リスクを負う「買取ショップ」や、ユーザー等から中古ファッション商材を買い取り、販売する「ゾゾユーズド（ZOZOUSED）」、また通販サイトの運営すべてを請け負うフルフィルメントの事業などを運営しています。

物流センターはスタートトゥデイが自前で運営しています。ブランドから預かった受託在庫は直接に荷受けし、ファッションアイテムは専用の撮影スタジオで写真撮影まで行います。そのためゾゾタウンに掲載されている写真は統一がとれており、ファッション専門のサイトらしくとても見映えがします。また、ファッションアイテムは入荷されると同時に、ゾゾタウンの基準により独自に採寸されます。購入ページには「ゾゾサイズ：M」など、正式表記とは別に表記があります。日本製か海外製か、またブランドごとに異なる基準サイズで買い間違えることのないように、きめ細やかな配慮がなされています。

買いやすさでいえば、性別、ブランド、カテゴリーはもちろん、袖丈《そでたけ》や着丈《きたけ》、柄《がら》やカラーごとにも絞り込むことができます。アマゾンとゾゾタウンの両方を使ってみて、ファッションアイテムの探しやすさはゾゾタウンのほうが勝っていると感じました。

ファン獲得の仕組み

スタートトゥデイが運営する千葉県習志野市にある「ゾゾベース（ZOZOBASE）」は、延べ床面積が約4万坪、東京ドーム2・3個分に相当する大型物流センターです。設備投資額は約30億円と、かなり大きな投資をしています。その効果もあり、顧客から注文を受けた商品は、すべて自社で梱包、発送するため、複数のブランドで購入した商品が1回の配送で届くのでとても便利です。

配送はヤマト運輸が行っており、2014年からは関東、関西、中部エリアで即日配送のサービスも始めています。配送料は商品の合計代金が4999円以上の場合、無料となる仕組みです。

特に注目したいのが、ファッション分野に特化していることの強みです。スタートトゥデイが2013年より運営するアプリに「ウェア（WEAR）」があります。これはスマートフォンからファッションコーディネートの写真を投稿し、ユーザー同士で共有するアプリです。自分のお気に入りのコーディネートを自撮りして投稿し、SNSのように同じファッションが好きなユーザーと交流することができます。またネット通販とも連動しており、ウェア内のコーディネートに使用されるファッションアイテムをゾゾタウンで購入することができます。いわゆるマネキンが着ている服を全部買うようなコーディネート一式購入ができるのです。こうしたアプリの提供は、ファッション感度の高いユーザーを多く集めているゾゾタウンだからこそできる戦略でしょう。

ウェアは2015年に月間利用者数が600万人を突破し、アプリを経由した売上が月間10億円に上るまで成長しました。ウェア内で優れたコーディネートを披露《ひろう》して人気を集めている一般ユーザーを「ウェアリスタ（WEARISTA）」として認定するなど、熱心なファンの心をくすぐる仕組みも効果的です。またウェアリスタとゾゾタウンがスポンサー契約し、毎月10万円分、1年間で総額120万円分のゾゾタウンで使えるポイントを提供する制度を始めるなど、コミュニティの活性化にも自社サイトが一役買っています。

こうしてファッション感度の高い優良なユーザーを囲い込むことで、ゾゾタウンはサイトとしての魅力が上がり、商品を預かるアパレル・ファッションブランドともいいパートナーシップを築くことできるのです。

驚きの「返品無料」

同じファッション分野で注目される企業がもう1つあります。2010年に創業、2011年に本格的にサービスを開始したスタートアップ企業「ロコンド」です。事業開始の3年目には年商50億円を達成し、2015年には早くも年商100億円の大台に乗せまし

写真10　「ロコンド」トップページ

た。

　ロコンドがチャレンジしたのは、「靴」のネット通販です。すぐに想像がつくと思いますが、足の形は人それぞれであり、ぴったりフィットするサイズが求められる靴は、何よりも試着が大切な商品です。どのように靴を売っているのでしょうか。

　耳を疑いたくなるような驚きの仕組みです。彼らは返品（返送料）無料という、ネット通販の常識ではあり得ないシステムを作ったのです。21日以内であること、試着は部屋のみであること、タグを切り離したり靴箱をなくしたりしないこと、など返品の条件はありますが、まさに「家で試着してみて、合わなかったら返品してください」という売り方です。

ネット通販において、返品ほど物流センターを悩ませるものはありません。返品されてきた商品を再出荷できるようきれいにして、在庫に戻す作業が発生します。1つ間違えば在庫の数が合わなくなり、非常にやっかいです。また丁寧な顧客対応が必要となり、そのサポートに必要な人件費もかかります。効率化による低コスト運用が常に求められる物流の現場において、返品はやっかいな存在なのです。

ロコンドの戦略は、それを逆手《さかて》にとりました。返品理由など顧客の声に耳を傾け、問題があればすぐに改善するなど、徹底して顧客に尽くす「顧客至上主義」を掲げています。リピーターが占める比率が最近では80%を超えてきているそうです。靴のネット通販から始めましたが、次第にバッグやアパレル、スポーツ用品などへ取り扱う商品を広げていきました。

店舗の欠品フォロー

ロコンドも物流にかなり力を入れる企業です。物流専門会社と組み、２０１６年から約22億円を投じて物流機能を拡張する予定です。倉庫の移転は創業から4回目になるそうで、売上規模の拡大とともに物流機能を充実させていることがうかがえます。

さらにビジネスの幅を広げているのは、通販事業で培ったノウハウを他社へ提供するサービスです。２０１２年から始めた他社のネット通販を支援する事業では、サイトの立ち上げや運営のほか、倉庫内での商品撮影、在庫管理、梱包、出荷に至るまで物流ソリューションを提供しており、「送料無料、21日間返品無料」とロコンドと同じ条件での販売を実現しています。このサービスには、スポーツ用品の「アルペン」や女性向けバッグブランド「サマンサタバサ」などが参加しています。

２０１５年から始めた「ロコチョク」と呼ばれる新サービスもユニークです。これはネット通販だけではなく、実店舗の運営をサポートするサービスです。店舗に在庫がなくなった場合、店頭にある専用端末で注文するとロコンドの倉庫から直接に商品を送り届ける仕組みです。現在約500店舗の欠品フォローを担っています。店舗の売り逃しを回避し、機会損失を防ぐ仕組みだといえるでしょう。2016年には楽天との資本・業務提携も発表しました。

主力のネット販売でも、ファッション誌『STORY《ストーリー》』とオリジナルブランド「プラスバイココチッチ」の靴を共同開発するなど、商品開発にも着手しています。

ロコンドは靴の販売から始めたことで独自の返品システムを生み出し、ファッションアイテムの物流を起点にしてネット通販だけではなく店舗支援にまでビジネスを広げるなど、独自のアプローチをして成功している企業です。

最高峰のホスピタリティ

ロコンドの「靴のネット販売」のモデルとなった米国ネット通販企業があります。名前は「ザッポス（Zappos）」です。日本で事業展開しておらず、知らない方もいるかもしれませんが、ネット通販の業界では名の知れたカリスマ企業です。1500人の社員を抱え、2015年の売上高は日本円で3000億円を超えるといわれます。

徹底した顧客サービスを行うことで知られており、送料無料、返品無料のネット通販を展開しています。ザッポスが世界的にも有名になった理由は、その究極のホスピタリティにあります。サービス業の最高峰である高級ホテルのホスピタリティならば想像がつきますが、店舗のないネット通販会社のホスピタリティはどこで生まれているのでしょうか。実は、ザッポスのホスピタリティ伝説は、24時間365日電話対応のコンタクトセンターで生まれているのです。

例えば、こんな話があります。あるお客と注文とは関係ない話題で8時間もの長い間通話した従業員がいました。またあるときは、ザッポスで扱っていない商品を買いたいと言われ、お客の代わりにどこで買えるかを詳細に調べてあげたといいます。お客がサイズで悩んだときには、必ずこう答えるそうです。「迷われている2つを購入されて、合わないほうは返品してください。無料で返品できますから」。

お客からの電話を受けるコンタクトセンターは、一般的にはなるべく通話を短くして、自社の商品を買ってもらうことを優先します。長く電話をすればするほど、人件費がコストとなるからです。すべての事柄に応えていては、能率が悪く生産性が上がりません。ところが、顧客満足を最優先するザッポスでは、こうした丁寧な接客が当たり前の企業文化になっているのです。電話ではありますが、ザッポスのコンタクトセンターは仮想店舗といえるぐらい接客の価値を持っています。実際に、私がラスベガスにあるザッポスの本社を訪問し、コンタクトセンターの生産性について質問したところ、彼らは「生産性の指標となる数字は聞いたこともない」と当たり前のように答えていました。

ザッポスでは顧客満足のためには何時間でも応対することが奨励されており、返品処理、返金処理、特別な配送手配、クーポン発行に至るまですべての顧客対応が社員に一任されています。顧客に「ワオ!」という感動をもたらすのがザッポスの使命です。顧客からの感謝や賛辞の口コミが新たなお客を呼び、最高峰のホスピタリティを持つ会社だと高い評判を得ています。

独自の企業文化が価値を作る

ザッポス創業者であるトニー・シェイは、「何かを獲得しようとするのではなく、友情を築くために、あなたが知り合った人に対して、どうすれば心から関心を寄せられるかを見出すことができれば、おかしなもので、いつか将来、ビジネスかプライベートでほぼ確実に何か恩恵を受けるものです」（トニー・シェイ著、豊田早苗他訳『顧客が熱狂するネット靴店ザッポス伝説』ダイヤモンド社、２０１０年）と言っています。

日本でいえば、百貨店で長い歴史を持つ「大丸《だいまる》」の理念「先義後利《せんぎこうり》（義を先にして利を後にする）」です。わかりやすく言い換えれば「まず相手のことを考えて行動しよう。そうすれば利益は後からついてきます」ということです。ザッポスでは企業の価値観をとても重要視しており、10のコアバリュー（ブランドが持つ中心的な価値）を定めています。

従業員を大切にする企業としても有名です。例えば、ラスベガスにある本社の食事はすべて無料です。それだけではなく、私が以前視察した22時間稼働する物流センターには、2交代制で約３０００人が従事していますが、ラスベガス同様に食事はすべて無料になっています。年間１２００万ドルものコストがかかる計算です。この物流センターは、拠点が置かれているケンタッキー州の「ベスト・プレイス・トゥ・ワーク（最高の働く場所）」トップ10に入るほど人気です。

個人のスキルアップのための各種教室も無料で開放しています。例えば、表計算ソフトのレッスンや手話の講座もありますし、マネージャーには時間管理や採用評価の方法についてのレクチャーがあります。会社の文化を学ぶイベントがあれば、たとえ食事会であってもその時間の給与が支払われますし、アルコールが提供されるイベントであれば、飲酒運転者が出ないようにタクシーチケットを配るそうです。ザッポスは従業員を大切にし、従業員は顧客を大切にする企業文化が根づいているユニークな企業です。

こうした独自の企業文化を持ち、破竹の勢いで売上を伸ばしていたザッポスを２００９年に買収したのはアマゾンでした。「ザッポスの経営には口を出さない」という条件がついているといわれていますが、その金額は日本円で約８３０億円と当時のアマゾンとしては最大規模の買収でした。アマゾンのジェフ・ベゾスがザッポスの経営手法をうらやましいと感じていたという人もおり、アマゾン本体にない価値を持つ企業です。ザッポスのアプローチからは学ぶことがたくさんあると思います。

音楽好きが集まる楽器専門店

顧客に喜ばれる接客が魅力の企業を紹介したいと思います。全米に約２６０店舗を展開

写真11　ギターセンター店舗

する1964年創業の楽器専門店「ギターセンター（Guitar Center）」です。ネット通販サイトも展開しており、世界最大級の楽器販売チェーンです。

もともとは他社よりも圧倒的に安いことを売りにして事業を拡大したチェーンですが、ネット通販が登場したことで方向転換しました。2008年から3年かけて物流システムを構築し、店舗と倉庫の在庫一元管理、そして全店での統一価格を実現しました。

ギターセンターの戦略には、大きく2つの柱があります。

1つが「ネット×店舗」の融合です。ギターセンターのラスベガスの店舗を訪問した際に、「今ここでオンラインで買えます（NOW BUY ONLINE）」「オンラインで店内にある在庫をチェックしてください（CHECK IN-STORE INVENTORY ONLINE）」と大きな文字で書かれたポスターが店内のいちばん目立つところに貼られていました。店舗でもオンラインで買うことを勧めているのです。またネット経由で店内の在庫を探してなかったら、他店や物流センターから取り寄せて送ることができるのをアピールしています。ネットから店舗での取り置きを依頼することもできます。

こうした仕組みの実現には、新しい物流システムを導入することにより在庫の一元管理がされており、店舗とネットの価格が統一されていることが前提としてあります。もしある商品をより安い価格で売る店舗があれば、お客がその店舗で購入しようとし、近隣の店舗に在庫があるのにかかわらず取り寄せ注文するようなムダな事態が発生してしまうからです。

用もなく店舗を訪れるお客

ギターセンターが最もユニークなのは、各店舗の店長はもとより、同社のスタッフほぼ全員が熱心な音楽マニアであり、楽器を演奏することができる点です。その豊富な知識を活かして、楽器や音楽に関するあらゆる情報をSNSなどで発信しており、顧客に喜ばれています。

私が経営する会社主催のツアーでギターセンターの店舗を訪問したときに私も、働く従業員たちのホスピタリティにとても感動しました。商品の知識が豊富なのはもちろん、リクエストもしていないのにギターを弾き歌い始めて、顧客に楽しんでもらおうという姿を見せてくれます。話を聞くと、店舗には買う用もないお客がよく訪れるそうで、好きな音楽の話や楽器の弾き方について雑談をして帰っていくといいます。もともと楽器は年に何回も買うような商材ではありませんから、店舗を軸に顧客との接点を長く維持しながら、「次もギターセンターで買い換えよう」と思ってもらうことはとても重要なことです。

こうしたギターセンターのやり方は、ヨドバシカメラのような専門性が高く商品知識が豊富なスタッフを多く抱える企業で活かせるのではないでしょうか。接客には、ザッポスのようにどのサービス業と比べても見劣りしない最高のホスピタリティを志向する方法もあれば、ギターセンターのようにフレンドリーに友だち感覚で関係性を維持するやり方もあります。専門性を極める方向性で、ギターセンターの取り組みは参考になります。

カメラのキタムラ

専門性の高さを売上につなげる例が日本にもあります。写真の現像やカメラを販売する写真用品店チェーン「カメラのキタムラ」を運営するキタムラです。全国に約860の直営店を抱え、創業80年の歴史ある会社です。

ネットを活かした店舗作りが最大の特徴です。ネット通販サイト「キタムラネット」の会員数は登録者数700万人を突破していますが、会員はお気に入りの店舗から半径5キロメートル以内に住むお客が大半を占めます。ネットプリントなどネットサービスの売上が全体の約3分の1に達しますが、利用するお客の約8割はカメラのキタムラ近隣店舗での受け取りを希望するそうです。

店舗では、第一の来店目的となるデジタルプリントが広いスペースを占めます。また売上構成比の高いスマートフォンや、その関連グッズを並べるため、値段が高くアイテム数も多い一眼レフタイプのデジタルカメラや中古カメラにあてられるスペースはどうしても狭くなります。

そこで登場するのが4万点を超える商品にアクセスできるタブレット機器です。もともとカメラの専門知識をもった販売スタッフが多いキタムラは、その知識を駆使してお客への対応にあたります。丁寧な接客で高い顧客満足を獲得しており、付属品などのついで買いを誘うことである店舗ではタブレット経由の売上が、15〜20％に上ることもあるそうです。ネット注文の店舗受け取りとタブレットからの注文は、各店舗の販売実績になります。こうした取り組みも同社の好調な売上に貢献しています。

進化する「ネット×店舗」

流通先進国である米国のさらなる最新事例です。「ネット×店舗」を語る上で革新的な試みを始めている2つの新興企業を紹介したいと思います。

1つはメガネのネット通販を展開する「ワービーパーカー（WARBY PARKER）」です。米国のビジネス誌『ファストカンパニー』が毎年イノベーティブ（革新的な）企業の世界ランキングを発表していますが、同社は2015年にアップルやグーグルなど名だたるネット企業を抑えて1位に輝きました。創業は２０１０年と新しく、わずか5年あまりで年間1億ドルを売り上げる企業に急成長しました。

業績が好調ないちばんの理由は価格です。フレームを自社製造することで価格を抑え、ほとんどのメガネは１００ドルから販売されています。デザインはワービーパーカーの社内で行っており、ファッションブランドとしてもおしゃれです。製造も契約した工場が行っており、安さの割に製品のクオリティが高いと評判です。

そして、ワービーパーカーが革新的だと評価を受ける理由は、ネットや店舗を使った常識破りの仕組みがあるからです。ネット通販では「お家でお試しプログラム」と呼ばれるメガネの試着サービスがあります。ネットのカタログから5種類までの好きなフレームを選び、オーダーするとサンプルが送られてきます。試着の期間は5日間です。終わったら箱に戻し、同梱されてきた返品ラベルを貼って送り返すだけ。往復の送料は無料です。ザッポスが「2つ注文して、サイズの合わない靴を送り返してください」と勧めるのに似ています。

またネット通販サイトでありながら、米国内に37店舗を展開していますが、驚くことに

写真12　ワービーパーカーの「ニューススタンド」

店内に在庫を置いていません。訪れたお客は商品を試着し、気に入ったメガネが見つかれば、検眼を受けてから、店に置かれたタブレット端末を使って注文します。数日内に宅配で商品が届く仕組みです。在庫を置かない代わり、店舗はワービーパーカーとお客が接点を持つ場としてデザインされています。

例えば、ロサンゼルスにある「ザ・スタンダード・ホテル」のロビーには、ワービーパーカーとホテルが共同でデザインした古き良きアメリカをイメージした「ニューススタンド（新聞や雑誌を売る店舗）」があります。新聞や雑誌が並ぶかたわらに、ワービーパーカーのメガネが並べられており、クラシックな雰囲気でありつつもおしゃれで気の利いた、まさにワービーパーカーの顧客が求める同社のイメージが体験できるのです。

つまり、ワービーパーカーにとって店舗は売るため、買うための場ではなく、ブランドを体験するショールームとして機能しているのです。

店舗は人目につきにくいビルの2階などにあり、運営費は抑えられていますが、博物館のように同社を紹介する展示や、記念撮影する企画などもあり、口コミで集客できるように工夫されています。「ネット×店舗」の組み合わせ方を考える上で、参考になるのではないでしょうか。

売らない店舗

ワービーパーカーと並び、「ネット×店舗」の新しい形を模索するのが2007年創業の男性向けアパレルブランド「ボノボス（Bonobos）」です。当初はネット通販サイトから始まり、これまでにない素材やデザインにこだわったデニムのジーンズやパンツがヒット

写真13　ボノボス・ガイドショップ

しました。現在では米国の各地に店舗を持っています。
その店舗の特徴は「その場で商品を買うことによって得られる瞬間的な満足感よりも、サービス全体が重要」という考えから、前述のワービーパーカーと同じように店舗で商品をチェックして、オンラインで購入するスタイルをとっています。ショールーム専用のショップ「ボノボス・ガイドショップ(Bonobos Guideshop)」の訪問には、お客は時間の予約をすることが勧められています。決められた時間に訪れると、ボノボスガイドと呼ばれる専属のスタイリストからさまざまなアドバイスを受けることができ、ビールなど飲み物をふるまうサービスも受けることができます。店舗では、お客をもてなすことを第一に考えているのです。ガイドはスタイリストとしてお客の相談に徹するため、お客の側も「売られた」という感じがしない点も男性にとっては気がラクでしょう。

店舗で購入して持ち帰ることはできず、その場でスタッフに注文の手続きを行うか、パソコンやスマートフォンから注文し、最短で翌日、遅くても数日後に宅配される仕組みです。送料は無料であり、購入した商品の返品期限がないことも大きな特徴です。

ワービーパーカー、ボノボスのように店舗では売らないファッションブランドが次々と登場しているところが面白いポイントです。こうした仕組みが登場した背景の1つには、ファッションブランドがそもそも体験価値であり、ブランディングが重要な分野であることがあるでしょう。また在庫が1か所なので売り切りやすいため、高品質で低価格の独自商品を開発できるのも強みです。ネット通販のインフラが整い、当たり前になったことで、従来とは異なる価値の高め方が模索されています。こうした革新的な試みに中に、ネット通販の次の戦略を考えるヒントがあるのではないでしょうか。

アマゾンと競い合うための3つの戦略

ここまで日本のネットスーパーの概況を確認した後に、総合ネット通販を展開するヨドバシカメラ、セブン&アイ、アスクルのロハコの試みを紹介し、独自のロジスティクス、ネット通販の戦略で成功を収めているスタートトゥデイのゾゾタウン、ロコンド、ザッポス、ギターセンター、カメラのキタムラ、ワービーパーカー、ボノボスというユニークな企業を見てきました。アマゾンへの立ち向かい方はさまざまですが、改めて3つのキーワードを挙げておきますので、読者のみなさんの参考にしていただきたいと思います。

①ラストワンマイル

顧客へ商品を届けるラストワンマイルで手を抜く企業はいません。たくさんの事例をご覧いただいたことでより明らかになったと思いますが、各社それぞれにより有効なラストワンマイルを考えてロジスティクスを構築しています。

生鮮食品を扱うネットスーパーのように、より顧客の住む場所に近いストックポイントを設置して、小商圏で配送密度を上げる戦略もありました。ヨドバシカメラやアスクルのように、自前の配送を武器にきめ細やかさで勝負するケースもありました。セブン&アイはコンビニ受け取りを顧客との接点に位置づけていました。カメラのキタムラはネット注文の約8割のお客が店舗受け取りを希望していました。ワービーパーカーやボノボスのように、あえて店舗をショールームに仕立てて、商品は後から届ける試みもありました。

もはやスピード配送を競うだけの時代ではありません。顧客の望むより正確な時間に、指定された場所へ届けることが求められています。そのために自前配送を構築するアプローチもあるでしょうし、店舗受け取りや宅配専用ポストの設置など受け取りポイントを増やす方法もあるでしょう。先行する総合ネット通販のアマゾンやモール型ネット通販の楽天の一部は宅配だけではなく、すでにコンビニ各社と提携してローソン、ファミリーマート、ミニストップの店舗で24時間いつでも商品の受け取りが可能です。加えて「宅配ボックス」を設置する動きが出てきました。

ラストワンマイルの競い方が今まで以上に多様になっていきます。どのようにロジスティクスを構築するか、各社の戦略が問われるところでしょう。

②独自商品を持つ

前章までに、アマゾンが世界に向けてあらゆる商品を販売する「エブリシング・ストア」を目指していると述べました。またアマゾンはロジスティクスへの投資を惜しみません。高度なロジスティクスを構築することであらゆる商品を取り扱えるようにし、仕入れと物流のコストを最小化していくことで、商品をより低価格で顧客へ提供するでしょう。

生鮮食品を扱うネットスーパーは、日本ではまだアマゾンの参入がない分野です。まずは売上を伸ばし、顧客を取り込むことが先決です。その上で、取引先との関係が良好なうちに限定販売の商品を持つことは大切なのかもしれません。セブン－イレブンを中核企業に持つセブン&アイは、独自商品を持つことの強さを体験から知っている企業でしょう。ヨドバシカメラもアスクルのように商品を積極的に共同開発していくのが得策なのかもしれません。

またブランドイメージを大切にするファッションブランドにとって、どこで売るかは非常に重要です。スタートトゥデイやロコンドのように各ブランドといい関係を保ちつつ、独自に商品開発を進める方向もあるでしょう。

独自商品には、販売チャネル（販路）を限定する限定販売、メーカーやブランドなどと共同開発するプライベートブランド・オリジナル商品のほかに、ＪＡＮ（Japanese Article Number）コードを持たない商品、つまり一般に流通しない商品というものが世の中には存在します。それは、例えば産地直送の生鮮食品であったり、ハンドメイドの1点ものということもあるでしょう。そうした商品をバイヤーが見つけてくるという選択肢もあります。

ネット通販が当たり前になった現在、エブリシング・ストアに置かれない商品をどのように自社に取り込むかが勝敗を分けることになりそうです。

③ネット×店舗（オムニチャネル）

本章ではユニークな最新事例を多く紹介しましたが、その中でも際立ったキーワードが「ネット×店舗」の可能性だったのではないでしょうか。第二章でアマゾンが書店を作っている話に触れましたが、急速に店舗を増やす予定は今のところないでしょう。

ヨドバシカメラやギターセンター、カメラのキタムラの例のように、既存の店舗ネットワークを持っている企業にとって前提になってくるのは、在庫管理の一元化であり、ネットと店舗の価格統一でした。これを実現することで、ネットで売っても店舗で売ってもよい体制となり、積極的に店舗を活用できることはすでに紹介した通りです。

セブン&アイは自社のコンビニ店舗をネット通販の入口にしようと試みていました。ザッポスに店舗はありませんが、コンタクトセンターが仮想店舗となり、電話応対そのものが接客が持つ価値と同等、もしくはそれ以上の価値を生み出していました。ギターセンターのスタッフはフレンドリーさを武器に、用もない顧客を店舗へ呼び込むことでいい関係性を維持していました。カメラのキタムラは豊富な商品知識を持つ店員がタブレットを操り、売上につなげていました。

ワービーパーカーやボノボスは、ネットと店舗のそもそもの位置づけを改めました。店舗は商品を売る場所、買う場所ではなく、自社のブランド価値を伝え、最上のサービスを提供する場所として再定義し、店舗で商品を確かめた後にネットで購入するスタイルを作りました。これはネット通販の価値そのものを考え直すいいきっかけになるでしょう。

「ネット×店舗」の言葉を置き換えれば、すなわちオムニチャネルです。ネットや店舗といった顧客接点、チャネルを、ロジスティクスをベースにしてどのように再構築していくのか、今後も大きなテーマになっていくでしょう。

「モール型」再考察

今後の物流大戦争を生き抜くために重要な3つのキーワードを挙げたところで、もう一度、モール型ネット通販の楽天、ヤフーショッピングについて簡単な考察をしたいと思います。

第一章を振り返りましょう。モール型ネット通販は、小売店やネット通販会社、メーカーのダイレクト販売など、さまざまな事業者を自社の販売プラットフォーム1か所に集めることで、長く成長をしてきました。

ここ数年が転機となりつつある主な理由として、1つには品揃えで差別化しにくくなったことを指摘しました。また、モール型は総合ネット通販と比べ価格の優位性がないことを挙げました。そして決定的だったのが、ラストワンマイルの弱さです。モール型はそもそものビジネスモデルが販売プラットフォームであり、物流プラットフォームではないことから、物流センターからの一括配送がなかなか実現しません。ラストワンマイルを改善するには、スタートトゥデイのゾゾタウンのように商品を1か所に集めるしかありませんが、ファッションブランドとは違い食品から日用雑貨、家電に至るまで極めて雑多な商品が存在するモール型ネット通販には合わないモデルでしょう。すでに楽天物流でその難しさは実証済みです。

こうやって並べてみると、モール型ネット通販に勝ち目がないように思えますが、そんなことはないと私は考えています。先ほどの3つのキーワードに沿って考えてみましょう。

1つ目のラストワンマイルについては、コンビニ受け取りに加え、すでに楽天が受け取り専用のロッカーの設置を始めていますが、受け取り場所を増やすのが正解です。ラストワンマイルの競争の軸はスピードだけではありません。宅配会社と連携し、よりきめ細やかに配送時間を決められる仕組みでもいいかもしれません。別の競争の軸を持つことが得策なのではないでしょうか。

2つ目の独自商品については、各モール型ネット通販ともすでにたくさんのオリジナルな商品を持っていると思います。さまざまな事業者が混在するからこそ、アマゾンも驚くような商品が次々と登場するのがモール型の優位な点です。それが伝わっていないのだとすれば、見せ方の問題だと思いますので、改善すればいいだけです。

3つ目の「ネット×店舗」についても、実は、店舗がないと思われている楽天が長年にわたり試みています。2010年から全国の百貨店会場で開催している物産展「楽天市場うまいもの大会」です。楽天市場に出店している店舗の中から選りすぐりのショップを集め、百貨店と手を組み物産展を開催しているのです。楽天市場内の厳しい競争を勝ち抜いてきたランキング上位のショップが集まることで、大きな集客力を持ち、百貨店にも喜ばれるイベントになっています。動画サイト「ニコニコ動画」を運営するドワンゴも2012年から千葉県の幕張メッセで大規模なイベントを毎年行い話題を振りまいていますが、物産展のように楽天市場のショップが持つ価値を目に見える形（実店舗）で表現するのはすばらしい試みだと思います。

その上で、これからのモール型ネット通販に期待したいのは、ショッピングの楽しさを提供してくれることです。

たしかにアマゾンのレビューは購入するときの参考になりますが、購買意欲そのものに訴えかけるかと言われると少し違います。ワンクリックで荷物が届く便利さは本当にすばらしいものですが、自動販売機のような味気なさが残る人もいるはずです。

楽天市場やヤフーショッピングでは、出店する各店舗が競うようにしてそれぞれの商品をプレゼンテーションし、商品の魅力を顧客に伝えてくれます。そうした欲しい商品を知るエンターテインメントとしての楽しさは、ショッピングにとって中心的な価値だと思います。例えば、ネット通販で楽天ほどタラバガニやズワイガニをたくさん売る場所はないでしょう。農園が手塩にかけて育てた卵を30個2000円で売り、たくさんのお客が買い求めるのも楽天ならではです。

モール型は、日本の祭りに並ぶ屋台の賑やかさにイメージは近いと思います。ショッピングを楽しくしてくれる可能性がたくさん残されているような気がしてなりません。それぞれの個性が活き、賑わいを演出できるモール型にこれからも期待したいと思います。

あとがき

最初に、私が過去お世話になってきた物流業界、ネット業界の方々に感謝を述べたいと思います。本当にありがとうございます！

本書を書けば書くほど、多くの方々と交流してきた情景が思い浮かびました。楽天市場が誕生する1年前の1996年に開催した「ネット通販セミナー」での講演のため、いろんな方にお話をうかがったのが皮切りです。2000年にネット通販専門物流代行会社イー・ロジットを設立する前後でたくさんの人と出会い、続けてきた米国での調査とヒアリング、物流会社やネット通販企業やサポート企業の人たちとの会話や飲み会、勉強会などでたくさんの学びや気づきがあったことを改めて思い返します。

あまりにもたくさんの人の顔が思い浮かびましたので、お名前を挙げるのは控えさせていただきますが、そのみなさま方には心より感謝を申し上げます。

執筆の中で感じたことが1つあります。私たちがこれほど便利に生活できているのは、歴史の中で物流の発展に貢献した人がたくさんいるからです。渡来人や遣隋使は昔のことすぎるかもしれませんが、海援隊の坂本龍馬や紀伊國屋文左衛門もいます。戦後の日本では、小倉昌男さん（ヤマト運輸元社長）と佐川清さん（佐川急便創業者）の存在を忘れてはいけません。この2人がいなかったら、荷物を詰め込んだダンボール箱が安価に翌日配送で届く今のこの便利さを手に入れることができなかったかもしれません。これまで物流の発展に貢献してきたみなさまには、心から感謝をしたいと思います。

特に、時間帯配送、ゴルフ宅急便、クール宅急便、国際クール宅急便など過去には存在しなかった新たなサービスを作り上げたヤマト運輸は、業界最大手でありながら日本のインフラを支えているという自負を持ち、リーダーシップを持って業界のために行動されています。頭が下がる思いです。小倉昌男さんや佐川清さんの志を継ぐ人たちがたくさん出てくれば、これからもすばらしい物流のサービスが出てくることでしょう。

私自身も物流業界に恩返しできるよう、本書の中でも紹介しましたが宅配研究会を作り運営し、また「ウケトル」というアプリを作りました。特にウケトルはユーザーの代わりに宅配が届きそうなタイミングを察知し、再配達依頼もワンクリックでできる便利なアプリです。

こうしたサービスを通じて「不在配達の撲滅」というミッションをぜひ実現し、雨や雪の中でも黙々と配達されていらっしゃる配送ドライバーの方々にラクになっていただきたいと心から思っています。物流は小倉昌男さんや佐川清さんのようなスーパースターだけで物流が成り立っているわけではありません。今、東京に向かって台風9号が来ていますが、この風雨の中でも台車を押し、自転車に乗り、地域を回り配達する宅配ドライバーがいます。もちろん物流センターで働くたくさんの人たちもいます。こうした方々に、私たちは本当に感謝しなければなりません。雨の日、暑い日、寒い日に彼らに出会ったら、ぜひ「ごくろうさま」「ありがとう」と声がけしてあげてください。

本書は、英語、中国語、韓国語を含め、私にとって18冊目の著書になります。物流を家業とする家に生まれましたので、この業界にいて、生意気にも本を書いたり、証券アナリストの前で講演したり、海外のアナリストに対して電話でコンサルティングをさせていただいたりしております。最近では宿命を感じるようになりました。本書を書きながら、物流業界への恩返しをしたいという思いも強くなってきました。

ここまで本を書いてこられたのは、私自身、物流の重要性をみなさまにお伝えしたいという一心です。それが伝わってきたのか、最近は物流の重要性を訴えるような新聞、雑誌、ウェブの記事を見る機会が増えてきました。発信を続ける者として、うれしいかぎりです。本書を読んで「ロジスティクスを制するものが、ビジネスを制する」ということを少しでも感じていただければ、著者としてこれほどうれしいことはありません。

実際に、ロジスティクスに力を入れる企業は、ずっと勝ち残っています。本書に登場したアマゾン、ウォルマート、ヨドバシカメラ、アスクル、カクヤスを筆頭に、トヨタ自動車、セブン‐イレブン・ジャパン、花王、三菱食品、トラスコ中山、サンコーインダストリーなど挙げればきりがありません。すべてロジスティクスでビジネスを制している企業です。

私自身が主催するセミナーや米国ツアーに参加される多くの企業も、同様にロジスティクスで伸びています。「力を入れている＝社員教育の予算をかけている」と思っていいでしょう。また、物流に力を入れる企業から、ご相談の連絡をよく受けます。世間から見ると十分なレベルに見える企業ほど「まだまだ」と思っており、一般には公開していない物流現場についても「見てコメントしてほしい」という要望があります。

みなさんの企業はどうでしょうか？　定期的に専門家に物流センターを見てもらったり、第三者の視点で物流政策をチェックしてもらったりしていますでしょうか？　みなさんの所属する会社でも、ぜひ物流のレベルアップを図ってみてください。

本書を読んでいただいた方々が物流の重要性を知り、物流に感謝の念を感じていただければ著者としてありがたく思います。物流を活用することで、みなさまの会社が発展することを祈念し、これを最後の言葉にかえさせていただきます。ありがとうございました。

2016年8月

株式会社イー・ロジット代表取締役
株式会社ウケトルCEO
SHIPPOPファウンダー
角井亮一

写真出典一覧（URLはすべて2016年8月現在のもの）

p.27 Amazon.com「Amazon Prime Air」https://www.amazon.com/b?node=8037720011
p.57 Valleywag - Sorry to disrupt. - Gawker「Everyone Is Finally Lazy Enough to Justify the Grocery Delivery Boom」http://valleywag.gawker.com/everyone-is-finally-lazy-enough-to-justify-the-grocery-1564689893
p.101 Open Grid Scheduler / Grid Engine「Walmart Supercenter」https://www.flickr.com/photos/opengridscheduler/23198516929
p.132 CDA News「Amazon to Open Second Physical Bookstore in San Diego」http://cdanews.com/2016/03/amazon-to-open-second-physical-bookstore-in-san-diego/
p.156 Fleets and Fuels.com「13 Roush Propane F-59s for Peapod」http://www.fleetsandfuels.com/fuels/propane/2016/05/roush-propane-powered-f-59s-for-peapod/
p.166 Rs1421「Yodobashi Akiba」https://commons.wikimedia.org/wiki/File:Yodobashi-Akiba-02.jpg
p.175 LOHACO by ASKUL「Kirin Beverage Company "moogy"」「Kao "Resesh"」
p.183 START TODAY「ZOZOTOWN」http://zozo.jp/
p.187 LOCONDO「LOCOND」http://www.locondo.jp/
p.195 BrianReading「A Guitar Center retail store in Houston」https://en.wikipedia.org/wiki/Guitar_Center
p.201 PopUpShopsMyCity「The Standard Hotel, Warby Parker Readery Pops Up in New York City's East Village」https://popupshopsmycity.wordpress.com/2012/07/18/the-standard-hotel-warby-parker-readery-pops-up-in-new-york-citys-east-village-2/
p.203 Retail Week「Retail Week Live 2013: A glimpse of the future」https://www.retail-week.com/retail-week-live-2013-a-glimpse-of-the-future/5046698.fullarticle

※それ以外は著者からの提供

校閲　鶴田万里子
DTP　㈱ノムラ

角井亮一 かくい・りょういち
1968年大阪生まれ、奈良育ち。
株式会社イー・ロジット代表取締役兼チーフコンサルタント。
上智大学経済学部を3年で単位修了。
米ゴールデンゲート大学でMBA取得。
船井総合研究所、不動産会社を経て、家業の物流会社、光輝物流に入社。
日本初のゲインシェアリング(東証一部企業の物流センターを
まるごとBPOで受託)を達成。
2000年、株式会社イー・ロジットを設立し、現職。
現在、同社は230社以上から通販物流を受託する国内ナンバーワンの
通販専門物流代行会社であり、200社の会員企業を中心とした
物流人材教育研修や物流コンサルティングを行っている。
『物流がわかる』『オムニチャネル戦略』(共に日経文庫)ほか著書多数。
日本語だけでなく、英語、中国語、韓国語で累計18冊を出版している。

NHK出版新書 495

アマゾンと物流大戦争

2016(平成28)年9月10日　第1刷発行

著者　角井亮一　
発行者　小泉公二
発行所　NHK出版
〒150-8081東京都渋谷区宇田川町41-1
電話 (0570) 002-247(編集) (0570) 000-321(注文)
http://www.nhk-book.co.jp (ホームページ)
振替 00110-1-49701

ブックデザイン　albireo
印刷　慶昌堂印刷・近代美術
製本　藤田製本

Printed in Japan ISBN978-4-14-088495-9 C0234

NHK出版新書好評既刊

宗教を物語でほどく
アンデルセンから遠藤周作へ

島薗 進

宗教はなぜ人の心を打ち、支えるのか。宮沢賢治やトルストイから、いとうせいこう、西加奈子までの「物語」から読む、神も仏も見えない社会の宗教心。

493

魅惑のヴィクトリア朝
アリスとホームズの英国文化

新井潤美

日本でも屈指の人気を誇るヴィクトリア朝時代の作品を通じて、19〜20世紀初頭に形成され現代に至る英国文化の真髄がわかる一冊。

494

アマゾンと物流大戦争

角井亮一

ウォルマート、楽天、ヨドバシカメラ――巨人アマゾンにどう立ち向かうのか？ 気鋭の物流コンサルタントによる、ビジネス最前線からのレポート！

495

NHK「アスリートの魂」
運命を分けた16の闘い

NHK番組制作班

瀬戸大也、白井健三、五郎丸歩、上原浩治、野村忠宏……。分岐点で諦めず、自らの運命を切り拓いた一流アスリートたちの闘いを綴った、感動の一冊。

496

美術品でたどる マリー・アントワネットの生涯

中野京子

歴史に翻弄された悲劇のヒロインの生涯を、ヴェルサイユ宮殿《監修》展覧会の出展作品を題材にしながら紡ぐヴィジュアル版第4弾。

497